**Ik kan nu niet
bellen want ik
zit in een call**

VAN JAPKE-D. BOUMA VERSCHEEN EERDER
BIJ ALFABET UITGEVERS

De 19 dingen die je nooit met collega's moet doen

Japke-d. Bouma

Ik kan nu niet bellen want ik zit in een call

ALFABET
UITGEVERS
2022

De in deze bundel opgenomen columns zijn bewerkt en verschenen eerder in *NRC Handelsblad*.

Copyright © 2022 Japke-d. Bouma
Omslagontwerp Moker Ontwerp
Auteursfoto Jeroen Jumelet
Typografie binnenwerk Aard Bakker

ISBN 978 90 213 4190 3
NUR 320
alfabetuitgevers.nl

Alfabet Uitgevers vindt het belangrijk om op milieuvriendelijke en verantwoorde wijze met natuurlijke bronnen om te gaan. Bij de productie van dit boek is daarom gebruikgemaakt van papier waarvan het zeker is dat de productie niet tot bosvernietiging heeft geleid.

INHOUD

9   Voorwoord – Tijd voor revolutie

15 De coronacrisis was niet alleen maar ellende
28 Dit zijn de 10 valkuilen van 'hybride werken'
36 Terug naar kantoor? Hier zijn 16 tips om je vast voor te bereiden
40 Mijn moeder was een van de eerste vrouwelijke politieagenten van Nederland. Ze was mijn rolmodel
44 Woorden die het werk onnodig ingewikkeld maken
48 11 redenen waarom de dertigurige werkweek geweldig is
53 De collega die niet kan wachten om z'n collega's weer te zoenen, de antivaxer en nog 7 kantoortypes
58 12 tips om een complimentje te geven op je werk
63 12 dingen die je niet wilt horen na een sollicitatie
68 Een spectaculaire carrière begint met een spectaculaire blunder: een snelcursus in 7 stappen
73 'Hoe vind je zélf dat het gaat?' En nog 6 manieren waarop je je collega's beter niet kunt aanspreken
78 Salaris? Daar praten we liever niet over – en dat is maar goed ook

83	Hoe gedraag je je als een collega kanker heeft?
87	23 tips om een betere manager te worden (maar vooral veel gelukkiger)
92	Dit zijn de 6 nieuwe thuiswerktypes
96	Help! Mijn brein blijft maar piekeren. Hoe zet ik het uit?
103	Werk zoals de Wegenwacht en je zult gelukkig zijn
107	Al die vrouwen in het kabinet? Stop er toch mee!
112	Feminisme voor dummies
117	Online vergaderen? Dat kan zoveel beter
122	Hallo 'boomers', dit hoofdstuk kunnen jullie beter niet lezen
127	LinkedIn is perfect voor Mark Rutte – lekker #oppervlakkig
132	'Totaal overprikkeld' na een dag op kantoor
137	Het Engels rukt op in het Nederlands en helaas ook in de Dikke Van Dale
142	6 tips om je minder te ergeren aan collega's
147	Energie besparen op je werk? Ontsla alle vrouwen en sta teenslippers toe op kantoor
152	Ongelukkig op je werk? Stop met zeuren en zoek iets anders

156	De Tesla gaat aan z'n eigen succes ten onder
160	Wat je als man kunt doen tegen seksuele intimidatie
166	Niet álle mannen zijn verkrachters
171	Thuiswerkers? Dat zijn verwende nesten
176	Hallo werkgevers, zo krijg je al je thuiswerkers weer terug naar kantoor
181	Wat zeg je tegen iemand van zeventien die net z'n diploma heeft gehaald?
186	Ambtenaren verzinnen van alles om maar niet te hoeven werken
191	Millennials op je werk? Pas dan op met grapjes
196	Hoe ga je om met kantoorboomers? 14 tips
202	Krapte op de arbeidsmarkt? Ontsla je 'HR'-afdeling

Voorwoord

TIJD VOOR REVOLUTIE

Ik kan er natuurlijk omheen draaien. En zeggen dat de werkelijkheid zich lastig laat voorspellen, onvoorziene omstandigheden, nieuwe parameters, blablabla. Maar ik kan ook gewoon zeggen dat ik ongelijk had, dus dat doe ik dan maar: lieve mensen, ik had ongelijk. Toen ik in mijn vorige boek voorspelde dat iedereen, als de coronacrisis zou zijn 'afgelopen', zou terugkeren naar kantoor alsof er niets gebeurd was.

Ik geloofde toen nog heilig in kantoor. Als Nick in Simon en andersom. De plek waar de baas is, de gezelligheid, waar de baantjes worden verdeeld en jij dus ook moet zijn. Ondanks het lawaai, de prikkels, de inefficiënte vergaderingen die ook in een mail hadden gekund en de slechte koffie.

Ik zag kantoor als een oerkracht waaraan niemand ontsnapt. Daar zou corona uiteindelijk niets aan kunnen veranderen.

Maar ik had dus ongelijk.

Want de laatste tijd zie ik dat er iets ongelooflijks aan het gebeuren is – de kantoren blijven leeg. In veel kantoortuinen blijft het akelig rustig.

Grote jongens als ING, de gemeente Amsterdam en Aegon zijn al kantoorruimte aan het afstoten, rigoureus zelfs, zo las ik in *Het Financieele Dagblad*. 'We zien nu dat het zeker bij de grotere bedrijven tegenvalt hoeveel mensen terugkeren naar kantoor,' citeerde de krant een vastgoedadviseur. Dat had ik, in al die tien jaar die ik over kantoor en werk schrijf, écht niet zien aankomen.

Ter verdediging – daar komen de uitvluchten en de onverwachte parameters – er zijn in korte tijd natuurlijk wel een paar ENORME omstandigheden ingrijpend veranderd.

De als een komeet omhoogschietende brandstofprijzen – mensen bedenken zich wel een paar keer voor ze hun tank volgooien voor een paar (nutteloze) uurtjes op kantoor.

De versnellende klimaatcrisis – de weerzin om in de file te gaan staan als je weet hoe slecht dat is voor het milieu. De NS die nu ook niet bepaald een vriendelijk alternatief is voor wie naar z'n werk wil (iets met stakingen, personeelstekorten). Mensen die geschrokken zijn van hun eerste dagen weer terug op kantoor – al die prikkels vielen toch wel erg tegen – dat hadden we ook nooit verwacht.

En dan is er nog iets dat ik het na-ijleffect noem van de

coronacrisis. Het gestaag groeiende, knagende besef dat het ook prima ging toen iedereen thuiswerkte, en dat je op kantoor toch wel (weer) een stuk minder gedaan krijgt. De notie dat kantoor niet zaligmakend is, zelfs de meest verstokte managers zien dat nu in – ik denk dat dat even tijd nodig had, om in te dalen.

Maar de grootste meteoriet in de vijver, en tevens de genadeklap voor werkgevers, is, denk ik, de huidige krappe arbeidsmarkt. Wie had ooit verwacht dat die zó snel zó oververhit zou raken. Nou ja, jullie misschien, maar ik niet.

Het gevoel dat een aannemer, een schaarse computerchipexpert of basisschoolleerkracht al veel langer had – er wordt om je gevochten – heeft nu zelfs de meest nutteloze communicatie-expert bereikt – ik zeg dit met alle respect, uiteraard. Zo stel ik me voor dat overal in het land kantoorwerkers zich Superman wanen en denken 'joh, je kunt op je kop gaan staan, maar als ik liever thuis werk, werk ik thuis'.

De geest is uit de fles, en niemand die hem er meer in krijgt.

Tuurlijk, uiteindelijk krijg ik vast alsnóg gelijk. En holt iedereen weer fulltime naar kantoor om de baas te plezieren. Als de brandstofprijzen dalen, als de Russen zich terugtrekken uit Oekraïne (als dat toch eens waar zou zijn), als Nick en Simon weer bij elkaar zijn, als er (weer) een crisis komt met massaontslagen. Of als de gasprijzen zo hoog worden dat we wel naar kantoor móéten om warm te blijven.

Maar tot die tijd geniet ik er nog even van dat de revolutie waarop ik al zo lang hoopte en waarover ik al tien jaar mijn vingers blauw schrijf – namelijk dat jullie veel meer zélf mogen bepalen waar jullie het liefste werken – zich nu écht aan het voltrekken is.

Goed, hartstikke leuk die revolutie, maar hoe pak je dat concreet aan op je werk? Iedereen heeft het over 'hybride werken' – deels op kantoor en deels thuis – maar wat is het en hoe moet dat dan? Hoe leer je beter online vergaderen? Hoe krijg je mensen naar kantoor die niet meer terug willen? Welke thuiswerktypes zijn er ontstaan en welke kantoortypes zijn er nieuw bij gekomen?

Wat doe je met collega's die eigenlijk helemaal geen zin meer hebben om te komen werken? Hoe bespaar je als werkgever op de energierekening? Hoe ga je om met de Russische oorlog in onze achtertuin? Hoe vind je nog sollicitanten in deze krappe arbeidsmarkt?

Daar gaat dit boek over. Elk hoofdstuk staat vol praktische tips waar je vandaag nog mee aan de slag kunt.

En dan uiteraard niet alleen over 'hybride werken' (stom woord, of we allemaal Toyota's zijn!), maar ook over al die andere revolutie die zich aan het voltrekken is op werkvloeren in Nederland. Want we hebben natuurlijk niet alleen corona gehad, ook #metoo heeft kantoor voor altijd veranderd.

Kun je nog zeggen tegen collega's wat je vroeger tegen ze zei? Kun je nog complimenten maken zonder dat je verkeerd wordt begrepen? Wat ís seksuele intimidatie eigenlijk en wat kun je ertegen doen? Vooral voor oudere werknemers is het soms best puzzelen.

Hoe ga je trouwens met die 'kantoorboomers' om? Moet je oppassen met 'millennials' of juist niet? En hoe kun je als jongere collega die 'oudjes' eigenlijk het beste tegemoet treden?

En dan zijn er (helaas) natuurlijk ook nog al die andere problemen op het werk die onveranderd zijn gebleven. Het is niet dat corona en #metoo het aantal hete hangijzers verminderd heeft. Integendeel, denk ik soms wel eens.

Hoe word ik (eindelijk) eens een betere manager bijvoorbeeld, blijft onverminderd actueel. Of: wat laat je mensen weten na een sollicitatie?

Hoe spreek je die ene irritante collega aan als hij het weer eens laat afweten. Wat zeg je tegen je zoon of dochter die net haar of zijn diploma heeft gehaald?

En o ja! Kun je eigenlijk nog wel in een Tesla rijden? Nu IEDEREEN er eentje heeft.

Het staat allemaal in dit boek. En ik heb het (weer) met heel veel plezier geschreven. Dat is misschien wel het belangrijkste dat onveranderd is gebleven: de lol die ik heb in het lezen van jullie suggesties en ervaringen op het werk die jullie me altijd nog onverminderd toesturen via de sociale media. Zonder jullie was dit boek er niet geweest.

Zeker, we leven in onzekere, ongekende, gekke tijden. Maar samen de revolutie in, blijft toch het mooiste dat er is.

DE CORONACRISIS WAS NIET ALLEEN MAAR ELLENDE

De helft van de tijd vergeet ik welk jaar het is, jullie? En in welke fase van de coronacrisis we zitten. Wórdt het ooit beter? Ik durf er nog geen stuiver op te zetten.

En toch is het, was het, ook weer niet allemaal ellende hè, al dat gehannes ermee. We kregen handigheid in het thuiswerken, of nou ja, de meesten van ons; we mochten zelfs af en toe weer naar kantoor, gingen oefenen met 'hybride werken' en veel kantoortijgers kwamen erachter dat thuiswerken niet altijd de hel is.

En dus dacht ik: laat ik eens een overzicht maken van dingen die we willen houden voor altijd, die eigenlijk best goed bevallen sinds de coronacrisis. Met uiteraard ook aandacht voor de absolute coronamissers die we nooit meer terug willen op de werkplek.

Misschien blijkt dan dat corona toch nog iets goeds heeft gebracht, of juist niet natuurlijk.

Meenemen

HUISDIEREN

Je zal maar geen hond, kat of andere viervoeter met een vachtje hebben gehad toen er weer eens een lockdown kwam, of überhaupt bij het thuiswerken. Om rondjes mee te lopen tijdens je pauze, tegenaan te kletsen tijdens het thuiswerken of bij uit te huilen.

Iedereen die tijd, moeite en zorg in een dier wil investeren weet: een huisdier kan je leven redden en daar gaan ze gelukkig ook mee door na de coronacrisis. Sterkte voor alle dierenhaters, mensen die allergisch zijn en mensen zonder tijd voor beesten: we leven met jullie mee.

Meenemen

KINDEREN BIJ HET HEK VAN DE SCHOOL AFZETTEN

Dat was heerlijk, geef het maar toe: dat je door corona je kinderen niet meer in de klas mocht brengen. Daar gaan we mee door. Heerlijk efficiënt, geen gedraal en geen tranen meer in de klas. En je kinderen hoeven zich niet meer voor je joggingbroek en slippers te schamen.

Mee stoppen

NON-STOP ONLINE VERGADEREN

Ik vind het een prestatie dat jullie het tijdens de lockdowns hebben volgehouden, al die uren achter elkaar naar een scherm staren met je collega's in kleine vakjes opgehokt –

met hun neusgaten, boezems, wasmanden, onderkinnen en badjassen vol in beeld. Maar na de coronacrisis gaan we daar toch echt mee ophouden. Al die uren videovergaderen putten ons uit, voegen niets toe en kunnen net zo goed in een mail.

Gelukkig deden de meeste mensen dat ook al tijdens de lockdowns: de mail wegwerken tijdens het videovergaderen, de was opvouwen, neusharen knippen of wortels schrappen, maar als toch niemand meer luistert, kunnen we er beter helemaal mee stoppen, sorry managers. Stuur maar een video als je zo nodig bewegende beelden wilt. Wij gaan weer even aan het werk.

Meenemen
DE KORTE, EFFICIËNTE ONLINE VERGADERING
En toch gaan we ook weer niet álle online vergaderingen afschaffen na de coronacrisis. Klinkt gek, maar ze hebben ook voordelen. Om niet uren te hoeven reizen voor een overlegje van een half uur bijvoorbeeld. Maar ook voor zieke, gehandicapte of andere collega's voor wie 'even' naar kantoor een mijl op zeven is. Om even een kijkje te kunnen nemen op dat vroeger zo vermoeiende congres, en voor iedereen die verkouden is, of anderszins even geen zin heeft in collega's om zich heen.

Maar hou het dus kort! Als de hele inauguratie van Joe Biden in een half uur kan, inclusief J.Lo, Amanda Gorman en Lady Gaga, dan kan jouw werkoverlegje zéker in dertien minuten. Maximaal. Pas op hoor, ik hou jullie in de gaten.

Mee stoppen
COLLEGA'S DIE NOG STÉÉDS NIET WETEN HOE DE TECHNIEK WERKT
Jullie worden allemaal ontslagen. Net als mensen die eten tijdens het online vergaderen, naar de wc gaan zonder hun geluid uit te zetten of 'governance', 'iemand ergens in meenemen', 'op de lijn komen', 'fysieke hotspots', 'inschieten', 'aanhaken' en 'insteken' zeggen. Iemand moet de boodschap brengen en dan doe ik het maar weer.

Meenemen
KLAGEN
Ergens is tijdens de coronacrisis het misverstand ontstaan dat je niet zou mogen klagen over gemiste inkomsten door corona, je manager die nog steeds geen idee heeft wat 'hybride werken' is, het werk dat je over de schoenen loopt of de muren die thuis op je afkomen, maar dat is onzin: klagen mag gewoon, ook na de coronacrisis. Want klagen lucht op.

Trek je dus niks aan van mensen die zeggen dat ze het erger hebben, die geen baan hebben of die 'gewoon' naar hun werk moesten tijdens de coronacrisis en zeg gerust af en toe 'kackerdekudt' – daar wordt iedereen beter van. En ja, daarna, uiteraard, weer netjes je zegeningen tellen.

Mee stoppen
DE 'GEVOUWEN HANDJES'-EMOJI

Er zijn weinig aspecten van het moderne werkende leven waar we collectief zo de schurft van krijgen als van de groepsapp van het werk. Maar er is nog één ding ergerlijker, en dat is de gevouwen handjes-emoji die je van Jan en alleman krijgt toegestuurd – we worden er week en misselijk van en gaan ermee ophouden. Punt.

Datzelfde geldt voor de hashtags #blessed, #lovemyjob en #thewordisout op LinkedIn, mails die worden afgesloten met 'gaarne actie' en *humblebraggende* zinnen als: 'ik heb een mooie online training mogen geven', of: 'ik heb een waardevol webinar mogen organiseren', maar je kunt niet alles tegelijk afschaffen. Dat doen we volgend jaar.

Meenemen
OP JE SLOFFEN NAAR DE VERGADERING

We hebben er het huis niet voor, worden er eenzaam van of hebben juist weer veel te veel huisgenoten die ons van ons werk houden, maar toch durf ik de conclusie te trekken dat we het thuiswerken niet meer willen missen na de coronacrisis.

Want onze eigen koffie, de bh-loze dagen, vergaderen met de kat op schoot, niet meer elke dag in de file hoeven staan, uitslapen tot tien minuten voor de eerste vergadering, de wasjes tussendoor, lunchen met je pubers, sporten na een saaie vergadering: de voordelen zijn de afgelopen twee jaar genadeloos aan het licht gekomen.

En de grootste verrassing: de productiviteit nam niet af, zo blijkt uit alle thuiswerkstudies uit 2021. *Eat that*, managers – ook na de coronacrisis gaan we veel vaker vrijwillig thuiswerken.

Meenemen
KANTOOR

En toch gaan we kantoor óók meenemen naar de toekomst. Voor iedereen die niet thuis kán werken, voor de gezelligheid of om 'gewoon' weer even met z'n allen te zijn. Als we iets geleerd hebben in de coronacrisis is het dat fulltime op kantoor niet werkt, maar fulltime thuis ook niet.

Mee stoppen
AL DIE VEEL TE GROTE, LELIJKE KANTOORSCHUREN LANGS DE SNELWEG

Wat niet wil zeggen dat we álle kantoren houden. Integendeel. We gaan flink wat van die naargeestige schuren langs de snelweg sluiten – zaten we daar ooit écht allemaal elke dag? Ja, dat zaten we.

We maken er woonruimte van. Appartementen, sociale woningbouw, huizen voor starters, studenten, vluchtelingen – kom op nou planologen, 'omgevingsmanagers' en architecten, maak jezelf (weer eens) nuttig.

Mee stoppen
VERBOUWEN

Langs de snelweg gaan we dus druk verbouwen. Maar in de stad houden we ermee op na de coronacrisis. Want denk eens aan je buren die allemaal moeten thuiswerken: het is echt genoeg geweest met al dat zagen, boren, drillen, schuren en frezen. We stoppen trouwens ook met bladblazers en hogedrukreinigers. Het is klaar, Nederland is af. Kunnen alle aannemers mooi aan de slag met het ombouwen van al die kantoren tot woningen.

Mee stoppen
BUITEN BELLEN OP DE SPEAKER

Knotsgek werden we tijdens de coronacrisis van al die mensen die buiten liepen te bellen op de speaker. Hou daar eens mee op, met al dat gezwets op straat, op het balkon of in je tuin met je mobiel als een cracker voor je gezicht. Doe gewoon oortjes in, of hou de telefoon aan je oor. Zo moeilijk is het allemaal niet.

Net als al die mensen die ineens een-op-een met je willen videovergaderen – stop daar eens mee. Daar is de telefoon voor! En die gaan we dan ook gewoon gebruiken na de coronacrisis.

Meenemen
NAAR BUITEN

We blijven wel buiten rondlopen na de coronacrisis. Vroeger zaten we de hele dag op ons luie gat op kantoor, nu maken we ommetjes tijdens de lunch, kopen we tussen de middag een broodje bij de bakker of een fles wodka bij de slijter (steun de lokale middenstand, mensen) – wát je ook bedacht hebt tijdens de coronacrisis om je dagelijkse 10.000 stappen te halen, blijf het doen. Neem meteen de hond even mee of een eenzame buurtgenoot.

Mee stoppen
VOORSTELRONDJES, 'ENERGIZERS', 'DE SLEUTELBOS', 'DE ANSICHTKAART', 'ONLINE BORRELS' EN AL DIE ANDERE 'GEZELLIGE' ONLINE 'MOMENTEN'

Als iets meedogenloos is aangetoond, is het dat 'gezelligheid' online niet af te dwingen is. 'Maar je moet toch íéts om de spirit erin te houden', zeggen sommige mensen, klopt, maar een Teams-verbinding openzetten en dan maar hopen dat mensen daar vanzelf gezellig met elkaar gaan doen is hetzelfde als de koelkastdeur openzetten en hopen dat het bier er vanzelf in opduikt.

Energize jezelf liever met een kop warme chocolademelk, gooi een emmer water over je heen, vraag een leuke spreker voor je online borrel of ga lekker onder de douche staan. Af en toe een collega bellen voor wat kletspraatjes doet ook wonderen. Maar online vrijmibo's zijn geen vrijmibo's. Ik kan het even niet leuker maken dan het is.

Meenemen
DE MUTEKNOP

Wat mij betreft is dé uitvinding van de coronacrisis – hadden we die maar twintig jaar eerder gehad – de muteknop. Midden in een *lessons learned* de boel even op stil kunnen zetten, halverwege een *deep dive* het hele zaakje de mond snoeren of gewoon alleen maar die ene irritante collega: hoe deden we het ooit zonder!? Die knop gaat straks ook mee als we (ooit) weer teruggaan naar kantoor.

Mee stoppen
PRATEN OVER 'HYBRIDE WERKEN'

Als we ergens collectief eczeem van krijgen is het wel van de term 'hybride werken' en nog erger: al het loze gepraat erover. Daar gaan we mee ophouden en in plaats daarvan gaan we het eindelijk eens dóén. Managers die er seminars over organiseren durven gewoon niet te kiezen, schreef een lezer, en zo is het.

Ga dus uitproberen, proefdraaien, testen, vallen, weer

opstaan en opnieuw beginnen met de combinatie thuiswerken en kantoorwerken – dat is echt de enige manier – praatjes vullen geen gaatjes. Veel succes ermee.

Meenemen
BUITEN VERGADEREN

Vroeger zaten we allemaal uren in onze zaaltjes tijdens al onze netophaalsessies, *scrums* en *brown papers*. Sinds de coronacrisis vergaderen we wandelend, snorkelend, bergbeklimmend, zwemmend en fietsend en daar gaan we mee door.

Ik zie in ieder geval steeds vaker mensen buiten met oortjes in, heftig gesticulerend over hun '*big hairy audacious goals*', 'executiekracht' en 'procesregie' – heel goed. We vergaderen vanaf nu nooit meer binnen. Zullen we dat afspreken?

Mee stoppen
'HANDJES' OPSTEKEN

We gaan weer lekker door elkaar praten tijdens online vergaderingen. Net als vroeger op kantoor.

Meenemen
DE VOLLE KOELKAST VAN HET THUISWERKEN

We rijden de voorraden desnoods in bestelwagentjes naar kantoor, mensen, maar na de coronacrisis breken voor iedereen de culinaire hoogtepunten aan. Zowel thuis als op kantoor.

Mee stoppen
DE KLANTREIS

De *customer journey* of, nog erger, 'de klantreis' was altijd al een van de meest ergerlijke termen op je werk. Maar nu ook gemeenten, de Belastingdienst, ziekenhuizen, de IND en zelfs de zelfmoordpreventielijn (!) er op hun websites en in vacatures over zemelen, wordt het pas écht tijd er korte metten mee te maken. Geloof me: echt geen burger, patiënt, asielzoeker of gedupeerde van de Toeslagenaffaire wil vertellen hoe ze hun 'klantreis' ervaren hebben, stelletje rare marketeers. Doe normaal!

Meenemen
AIRFRYERS, ESPRESSOAUTOMATEN EN STAAFMIXERS

Als de bedrijfskantines en de horeca weer eens dicht zijn nemen we het heft in eigen hand en frituren we de kroketten, grillen we de courgettes en maken we die smoothies en koffies met havermelk zelf. Stukje professionalisering naar de inwendige mens toe.

Mee stoppen
HET HECTISCHE GEZINSLEVEN

Het 's ochtends om zes uur op, baby naar de opvang, daarna minstens negen uur op kantoor werken, reistijd, de baby weer ophalen, boodschappen doen, koken, sporten en doodop weer naar bed – hoe we het ooit deden vóór de coronacrisis is niet van belang. Van belang is dat we vanaf nu nooit meer die tredmolen in stappen. Vanaf nu gaan we met oppas, vaders, moeders, grootouders, traiteurs en goedwillende bazen uitvinden hoe. We steunen elkaar.

Meenemen
LEGE SNELWEGEN
Nooit meer in de file. Ik doe mee. Jullie ook?

Mee stoppen
DENKEN DAT CORONA VOORBIJGAAT
Als íets niet geholpen heeft tijdens de coronacrisis, was het de gedachte: 'dit gaat ooit weer voorbij'. Denken 'dit blijft nog tien jaar zo' maakt je zoveel daadkrachtiger.

Zo ben ik zelf ook opgevoed, als 'depressionist', dat heeft filosoof René Gude, god hebbe z'n ziel, me geleerd. Een depressionist is een mislukte pessimist. Ik denk altijd: 'het zal wel niks worden' en dan valt het altijd mee.

Meenemen
COLLEGA'S DIE ER WAT VAN PROBEREN TE MAKEN
Hou vol lieve mensen. Ik wens jullie alle liefs, liefde, gezondheid en voorspoed voor de komende tijd – ook alle

pessimisten. Put hoop uit kleine dingen en hou je taai. Wees lief voor elkaar.

Alleen samen met je collega's – waar ze zich ook bevinden – ga je de komende lockdowns overleven.

DIT ZIJN DE 10 VALKUILEN VAN 'HYBRIDE WERKEN'

'Hybride werken' is het helemaal. Ik weet niet hoe het met jullie zit, maar ik ben de afgelopen maanden doodgegooid met webinars, *townhalls*, congressen, seminars, *round tables* en lunchlezingen waar experts uitleggen hoe je het moet gaan doen. Veel wijzer ben ik er nog niet van geworden, want iedereen adviseert weer iets anders.

En dus leek het me verstandig eens wat tips en adviezen op een rijtje te zetten voor hybride werken, omdat anders iedereen de komende maanden de weg kwijtraakt. Dus daar gaan we dan: dit zijn de 10 valkuilen van het hybride werken.

Valkuil 1. *Wat is het?*
De eerste valkuil van het hybride werken is natuurlijk al die term, hybride werken – daar gaan we mee stoppen. Ten eerste omdat we geen Corolla's zijn, maar vooral om-

dat de term suggereert dat het iets is waarvan we zouden moeten weten wat het is, terwijl dat in de praktijk nog volkomen onduidelijk is.

Want werkgevers denken dat het inhoudt dat het personeel deels op kantoor en deels thuis gaat werken; managers vragen zich wanhopig af hoe ze dat gaan regelen; werknemers vragen zich af hoe ze gelijktijdig moeten samenwerken met een aantal collega's in een muf zaaltje en de anderen online; en kantoorinrichters laten plaatjes zien met leuke koffiezitjes, nieuwe vloerbedekking en stiltecellen die voor al die praktische problemen geen oplossing zijn – chaos dus.

Ik stel daarom voor het hybride werken gewoon 'werken' te gaan noemen – dat is al ingewikkeld genoeg. En dan gaan we de komende maanden wel uitvogelen waar we dat gaan doen – thuis of op kantoor – en hoeveel dagen per week.

Valkuil 2. *Te veel op kantoor*
De tweede valkuil van het hybride werken is dat, zodra het weer mag, iedereen weer veel te veel op kantoor gaat werken – ik zou dat heel jammer vinden.

Tuurlijk, je ziet je collega's weer op kantoor, dat is (meestal) pure winst. Maar je krijgt er ook het lawaai, de rijstwafels, het oeverloze vergaderen, de overvolle treinen, de niezende collega's, de slechte koffie, de afleiding, de files, de ergernissen en de stress weer gratis bij.

Veel mensen waren thuis veel productiever en willen daar graag íéts van vasthouden. Toch goed om dat even subtiel bij je werkgever onder de aandacht te brengen voor je je weer laat verleiden – lees: onder druk gezet wordt – om in de file te gaan staan voor elk overbodig werkoverlegje.

Valkuil 3. *Te veel thuis*
Maar het omgekeerde is óók een valkuil: te veel thuis willen blijven werken. Ik ken veel mensen die denken: laat dat kantoorgedoe lekker zitten en laat mij rustig thuis werken. Maar ook dat is onverstandig.

Want hoe inefficiënt het op kantoor ook mag zijn, het is ook de plek van de cruciale informatie, de plek waar je kunt slijmen met je baas, waar de leuke klussen worden verdeeld, waar wordt voorgesorteerd op promotie, de plek waar je kunt laten zien dat je onmisbaar bent. Als je daar te weinig bent, vergeten ze je, en ben je voor je het weet op weg naar de uitgang. Ga dus vooral af en toe naar kantoor, ook als je er geen zin in hebt, en áls je gaat, trek dan alles uit de kast.

Valkuil 4. *Nooit rust op kantoor*
Denk in ieder geval niet dat je straks lekker tot rust kunt komen op kantoor, dat is valkuil vier. Want in het hybride model moet elke kantoordag legendarisch zijn, een happe-

ning, een stukje beleving. 'Gewoon een dag naar de zaak' is er niet meer bij. Logisch. Als je meer thuiswerkt, zul je op de dagen dat je wél op kantoor bent een verpletterende indruk moeten maken.

Zorg dus voor een nadrukkelijke entree, het liefst met een showtrap, lichtshow en een pompende 'Eye of the Tiger' op de speakers. Dat het niemand ontgaat dat je er bent. Regel ook een programmaboekje met daarin waar je op welk uur bent, waar mensen je kunnen zien en ontmoeten. Mail de dag ervoor dit draaiboek aan het hele kantoor. De eerste afspraak 's ochtends moet met je baas zijn of in ieder geval met iemand zo hoog mogelijk in het management. Noem het een briefing, dat geeft urgentie.

Verder uiteraard uitgebreid lunchen met de jongens van sales, een mooie *lessons learned* in de entreehal (plenair), een *deep dive* met je team in de *Obeya* met post-its, digischermen en spectaculaire datavisualisaties en een dagafsluiting met een yell, een cartoon en een punt op de horizon. De vrijmibo gaat naar de dinsdagochtend, want dan ben jij er. En veel rapporteren, uiteraard. Werken doe je maar thuis, weet je nog?

Valkuil 5. *Nooit rust thuis*
Maar thuis kun je ook niet verslappen. Dat is de vijfde valkuil: dat je denkt dat als je thuis bent, je kantoor wel even kunt laten zitten. Nee hè? Ook als jij thuis bent, gaat het le-

ven in de kantoorjungle gewoon door. Denken 'ze zien ook thuis wel hoe goed ik ben' en 'het loopt wel zonder mij' is er dus niet bij.

Zeker, het loopt ook zonder jou prima, vaak beter zelfs, laten we wel wezen, maar dat is juist het probleem. Want hoe langer je weg bent, hoe sneller mensen je vergeten en hoe harder anderen zich gaan zitten profileren.

Stuur vanaf huis dus slimme mails, zeg strategische dingen tijdens de Zoom en zorg ervoor dat je op de hoogte blijft van wat er op kantoor gebeurt.

Regel een spion, een mol, die jouw zaken op kantoor waarneemt als je er niet bent. Die voor je opkomt, aantekeningen maakt van belangrijke gebeurtenissen, die je baas voor je tevreden houdt, die bijhoudt wie wat zei en hoe. Andersom kun jij dit weer voor die persoon doen als zij of hij thuis is – spreek dus goed af wanneer je er bent en wanneer niet; een paar extra ogen is goud waard.

Valkuil 6. *Niets gaat vanzelf*
O ja, dat vergeet ik bijna: in het hybride model moet je dat met iedereen afspreken: wie wanneer komt en hoeveel dagen. Tot op de komma. Anders loopt het fout. Dat is de zesde valkuil, voor managers, om te denken: dat hybride werken, dat loopt wel los – dat doet het niet of nou ja, het loopt júíst los, als je niets doet. Voor managers is hybride werken sowieso de hel.

Want hoe hou je rekening met introverte collega's die zich te weinig laten zien? Hoe voorkom je dat je op de vloer altijd met dezelfde schreeuwers zit opgescheept? Hoe zorg je dat nieuwe collega's voldoende op kantoor komen om zich 'de cultuur' eigen te maken, of juist niet te vaak? En hallo, roostermakers! Die moeten ook nog rekening houden met alle ándere afdelingen – respect jongens.

Valkuil 7. *Vrijlaten kun je ze niet*
Vrijlaten kun je ze in ieder geval niet. En denken dat ze er onderling wel uit komen, is al helemaal een illusie, dat is valkuil zeven. Want als je dat doet, zit je de ene dag met een leeg kantoor en de volgende dag weer met veel te veel mensen, worden de kantoorwerkers voorgetrokken ten opzichte van de thuiswerkers en komt iedereen weer op de propvolle maandagen, dinsdagen en donderdagen – net als vroeger.

Als je als manager niet ingrijpt, gaat bovendien iedereen naar kantoor als de baas er is. Laat dus af en toe in het midden wanneer je er zelf bent en ga als manager zeker niet de hele tijd op kantoor zitten!

En maak dus duidelijke afspraken. Wie wat thuis doet en wat op kantoor en wanneer. Niemand zal ontkomen aan 'verplichte kantoordagen', bereid ze daarop voor. Zeg maar tegen ze dat onder een gemeenschappelijk juk de beste vriendschappen ontstaan.

Als je slim bent, maak je er meteen een uitgebreide gespreksronde van 'om al hun wensen te inventariseren'. Niet dat je iets met die wensen gaat doen, maar dan heb je eindelijk weer eens een excuus om erachter te komen wat iedereen ook weer precies doet.

Valkuil 8. *Iedereen overspannen*
En ja, dat is natuurlijk ook een valkuil, de achtste om precies te zijn: dat iedereen na drie maanden hybride werken volledig is uitgeput omdat het allemaal zoveel meer afstemming vergt en profileren en druk en belangrijk doen. Klopt! Maar je krijgt er zoveel voor terug! Haha.

Valkuil 9. *Denken dat je er bent*
Maar de grootste valkuil is natuurlijk, en dat is nummer negen, dat als je al die afspraken gemaakt hebt, je lekker zit te profileren, al je spionnen op hun plek hebt en overal aan gedacht hebt, te denken dat je er bent.

Dat is niet zo.

Want hybride werken verandert natuurlijk voortdurend. Verschillende projecten vragen om verschillende teams, er verdwijnen weer mensen, er komen nieuwe bij, mensen krijgen kinderen, nieuwe behoeften en wensen.

Valkuil 10. *Onderschat het niet*
Denken dat hybride werken hetzelfde is als vroeger 'maar

dan met af en toe een dagje thuis', 'voor mij hoeft er weinig te veranderen' en 'het stelt niks voor' is dan ook de grootst mogelijke onderschatting van het fenomeen die je je kunt voorstellen. Dat is valkuil tien. Iedereen die claimt te weten hoe het werkt, liegt.

Voor mij is (hybride) werken dan ook een van de leukste dingen uit mijn hele carrière, want veel bedrijven zal het nooit lukken om het op poten te krijgen, met veel horror en bloedvergieten tot gevolg. Over hybride werken raak je nooit uitgeschreven.

Ik kan het iedereen aanraden.

TERUG NAAR KANTOOR? HIER ZIJN 16 TIPS OM JE VAST VOOR TE BEREIDEN

Wat mij opvalt: we zijn het een beetje verleerd hè, naar kantoor gaan. Zeker als je weer eens weken thuis hebt zitten werken, of als je terugkomt van een lange vakantie.

Daarom dacht ik: misschien moet ik wat tips geven hoe je je een beetje kunt voorbereiden op het moment dat iedereen weer tegelijk teruggaat naar kantoor. Want ik merk dat elke keer dat we weer massaal teruggaan, dat niet zonder kleerscheuren gaat.

Ik zou zeggen:

1. Check vooraf op het intranet alvast wat de soep van de dag is en wanneer het krokettendag is.

2. Zet spandoeken op gevaarlijke kruisingen: 'Wij gaan weer naar kantoor!'

3. Oefen thuis alvast een paar dagstarts, *morning prayers*, *huddles*, *scrums* en *stavaza's*. Met het hele gezin én met de buren: wat houdt jou vandaag bezig, hoe voelt dit voor jou, waar heb je hulp bij nodig – en laat iedereen goed door elkaar praten. Zorg ook dat er niks beslist wordt en dat alles prima in een mail gekund had.

Zet de huisdieren erbij in de rol van langslopende collega's die afleiden, blaffen, krabben en blazen.

4. Pas al je nettere kleding die je al een tijdje niet hebt gedragen nog even. Doe gulpen, knopen en ritsen dicht – niet smokkelen. Ga er ook een paar uur mee zitten. Die broek die staand prima past, kan na drie uur zitten immers een martelwerktuig uit de hel worden. Doe twee weken voordat je weer naar kantoor gaat elke dag kantoorkleding aan – ook de onderkant, dus ook de schoenen.

5. Over schoenen gesproken: oefen elke dag een paar uur met het lopen op hakken en schoenen met veters. Ga met al je schoenen naar een vertrekhal om meters te maken. Neem je loopdossier mee.

6. Een paar uur naar een vertrekhal is sowieso een prima test om weer aan het lawaai van hoge, galmende ruimtes en lange rijen te wennen. Bouw het aantal uren langzaam op tot je op tien uur op een dag zit.

7. Zet je kachel de ene dag op 28 graden met de ramen wagenwijd open en laat de volgende dag de ventilatoren op volle kracht draaien met bevroren flessen water ervoor. Zorg voor droge lucht en weinig zuurstof. Draag af en toe een paar uur een koptelefoon met drilboorgeluiden.

8. Probeer een paar keer thuis een Excel-document in landscape op A3 te printen. Maak spaghetti in de snelkoker.

9. Ga af en toe voor de spiegel staan en zeg hardop 'eigenaarschap', 'werken vanuit de bedoeling', 'de regie terugpakken', '*onboarden*', '*goals alignen*' en ander jargon dat je al anderhalf jaar zelf amper thuis gebruikt hebt. Je bent klaar om weer naar kantoor te gaan als je alles zonder te lachen kunt uitspreken.

10. Oefen alvast wat praatjes – wat heerlijk om je weer te zien, wat zag ik nou op Facebook, had jij hoofdluis, etc. Oefen met mensen te laten uitpraten.

11. Gebruik af en toe deodorant zodat je huid er weer aan kan wennen. Idem voor mascara, oogpotlood, (die meterslange baard) scheren en harsen.

12. Leer het af om de hele dag over je dieren of kinderen te praten. Doe foto's van ze in een lijstje voor op je flexbureau om te helpen afbouwen.

13. Maak je trein- of autoreis alvast een paar maal, midden in de spits. Leer weer tot tien tellen en laat je neus weer aan allerlei 'geuren' wennen.

14. Ga op een zondag naar kantoor en test uit wat de beste flexplekken zijn. Leg daar vast een handdoek over de stoel.

15. Oefen thuis met naar het toilet gaan met de deur op slot. Leer het af om in jezelf te praten (is lastig, ik weet het!).

16. Zoek alvast een muurtje om af en toe met je hoofd tegenaan te slaan.

MIJN MOEDER WAS EEN VAN DE EERSTE VROUWELIJKE POLITIEAGENTEN VAN NEDERLAND. ZE WAS MIJN ROLMODEL

Ik heb lang getwijfeld of ik iets over m'n moeder zou schrijven. Want m'n moeder is overleden. Maar vrijwel steeds dacht ik: wie zit daar nou op te wachten?

Aan de andere kant: als er íémand alles wist van carrière maken, tips voor op je werk en geld – waar ik over schrijf – dan was het m'n moeder wel. Sterker nog: mijn moeder heeft m'n carrière bepaald. Ze was het roer van m'n boot, als ik het dramatisch zou zeggen.

En dus dacht ik: laat ik dáár dan iets over schrijven. Over wat ik van haar geleerd heb als het over werk gaat. Wat we van haar generatie vrouwen – m'n moeder is eenentachtig geworden – kunnen leren. Hoe moeders als de mijne een historische kracht zijn geweest op de arbeidsmarkt, en hoe ze de koers van hun kinderen hebben bepaald.

Want m'n moeder wás m'n rolmodel. Ze was een van de eerste vrouwelijke politieagenten van Nederland, hallo hé, hoe geweldig is dát om als klein meisje als voorbeeld te hebben?

Er is een foto uit de tijd van haar politieopleiding waar ze op staat terwijl ze haar dienstpistool richt, stijlvol gekleed in een petticoat – studenten kregen pas een uniform als ze afgestudeerd waren – ik zou bijna zeggen: *badass*. Als ik ernaar keek, was ik altijd trots op haar.

Want die foto was niet alleen stoer, maar vormde ook een mooi contrast met haar afkomst: een 'eenvoudig' arbeidersmeisje uit de Groningse veenkoloniën dat niet mocht doorstuderen van haar ouders omdat ze dat te elitair vonden.

En dus moest ze op haar zestiende (!) na de mulo (mavo) gaan werken op een doodsaai kantoor. Hoe het haar gelukt is om daarna toch nog in Hilversum op de politieschool te belanden, is me nog altijd een raadsel. Stel je eens voor hoeveel tegenwind ze heeft moeten overwinnen – niet alleen die van haar ouders, maar van de hele maatschappij waarin voor vrouwen die carrière maken toen nog amper plaats was.

Dat ze niet mocht studeren en als kind moest werken, heb ik altijd onverdraaglijk gevonden. Maar het grootste onrecht vond ik dat ze werd ontslagen bij de politie toen ze trouwde! Zo ging dat toen, bizar. Stel je eens voor, dat je zoveel plannen hebt met je leven en dat de een of andere achterlijke kerel in Den Haag daar een streep doorheen zet.

Ze leerde me dat ik voor mezelf moest kunnen zorgen.

Dat je als vrouw je eigen huis kunt betalen, je eigen boodschappen, je eigen auto. Dat je je eigen leven kunt leiden – natuurlijk heeft dat me gevormd.

Zo kan ik nog steeds niet goed begrijpen dat zoveel Nederlandse vrouwen financieel afhankelijk zijn van hun man terwijl ze ook heel goed hun eigen brood zouden kunnen verdienen. M'n moeder vond dat ook moeilijk. Ze legde de lat hoog.

Zo moest ik van haar naar muziekles en naar het gymnasium, maar ook naar de universiteit – het hbo was onbespreekbaar – want 'als je het kan, moet je het hoogst mogelijke proberen te halen'. Doorzetten, je best doen en je alleen ziek melden als je koorts hebt – als puber, als student én als 'volwassene' vond ik dat soms best lastig.

Mijn studie economie in Groningen, wat het uiteindelijk werd, was ook haar idee, zowel de stad als de studie. Ik vond het zelf best moeilijk klinken, economie, en nogal ver van huis, Groningen, maar toen ik er met haar rondliep om er kennis te maken, klikte het meteen – niet alleen met de faculteit maar ook met de 'grote' stad in het weidse 'ommelaaand' waar ze zelf vandaan kwam – het is toch fantastisch als je een moeder hebt die je zo op weg helpt?

Zelf heeft ze altijd gewerkt, zodra de kinderen naar school gingen, zoals dat toen 'mocht' van de samenleving.

En ze had leuke banen! Onder meer bij een drukkerij, bij een ingenieursbureau, bij de hts in Arnhem waar ze een enthousiaste en toegewijde stagecoördinator was.

Niet dat ze haar nuchtere, Groningse afkomst verloochende. Ze had een bloedhekel aan pochers, opscheppers en dikdoeners. Haar motto was: reik gerust naar de sterren, maar blijf wel altijd met beide benen op de grond – geen gebakken lucht –, een motto waar ik al mijn latere columns op zou baseren.

Ik heb zoveel van haar geleerd.

Ik had nog veel meer over haar kunnen schrijven. Over de liefdevolle knieval van burgemeester Marcouch toen hij haar haar lintje opspeldde. Over haar onstuitbare levenslust, ook toen ze door haar ziekte multiple sclerose niet meer kon lopen. Over de Nacht van NRC waar ze altijd apetrots vooraan zat. Ik vond haar de leukste vrouw ter wereld.

Nu, een maand na haar overlijden, voelt het alsof er een gat in me zit. Alsof ik stuurloos op zee dobber. En dus blijf ik maar aan haar denken, zoals ik altijd gedaan heb.

Als ik opsta, als ik op de Utrechtse stadswal loop, als ik een haring eet in de zon, als ik voor een volle zaal een presentatie sta te houden en het lukt en ik denk: dit doe ik en dat zou ze geweldig gevonden hebben.

Zo zal ze bij me blijven. Het kleine lichtje dat ze was, die onverwoestbare kracht die nu in mij verdergaat. Ik ga je missen, mam.

Ik zal je nooit vergeten.

WOORDEN DIE HET WERK ONNODIG INGEWIKKELD MAKEN

Altijd als ik Mark Rutte in de Tweede Kamer hoor draaikonten denk ik: je zal maar laaggeletterd zijn in dit land. Ik herinner me dat hij ooit uitlegde waarom midden in de coronacrisis Lowlands niet mocht doorgaan maar de Formule 1 in Zandvoort wél omdat dat 'een geplaceerd evenement' was.

Niet dat hooggeletterden het snapten hoor. Maar als laaggeletterde weet je al helemaal niet wat een 'geplaceerd evenement' is, denk je dat het een prima argument is en hoor je niet dat onze premier, met alle respect uiteraard, enorm uit z'n nek staat te kletsen.

Zo denk ik heel vaak: je zal maar laaggeletterd zijn in dit land. Als ik m'n belastingaangifte doe, als ik de Troonrede hoor, een telefoonabonnement afsluit, als ik ga stemmen of m'n hypotheek betaal realiseer ik me: overal moet je goed voor kunnen lezen, schrijven en rekenen.

Het hele jaar door vraagt de Stichting Lezen en Schrijven aandacht voor de 2,5 miljoen Nederlanders die dit niet goed kunnen.

De stichting bestaat sinds 2004 en ontwikkelt taalcursussen op het laagste niveau en geeft ministeries, bedrijven en gemeenten duidelijke-taalles met als doel dat veel meer mensen mee kunnen doen aan de samenleving.

Zo vertaalden ze bijvoorbeeld de vaak zeer ingewikkelde woorden (escalatieladder!!) tijdens de coronapersconferenties van het kabinet. Niet alleen 'groepsimmuniteit', 'noodverordening' of 'incubatietijd', maar ook woorden die voor hogeropgeleiden op het eerste gezicht heel eenvoudig lijken als 'minder' in plaats van 'afvlakken'; 'veilig' voor 'betrouwbaar'; 'keel, neus en mond' voor 'luchtwegen'; 'regels' voor 'maatregelen'; 'niet waar' voor 'onwaar' en 'gewoon' voor 'simpelweg' – zo eenvoudig is het, duidelijke taal.

Mensen hebben vaak geen idee, zegt Jan-Willem Heijkoop van de Stichting Lezen en Schrijven als ik hem erover bel, hoe belangrijk basisvaardigheden als rekenen en taal zijn om goed je leven te kunnen leiden en hoe ingewikkeld de samenleving voor laaggeletterden is geworden. Vooral de opmars van alle digitale 'dienstverlening' zet hen op achterstand. Als je niet goed kunt lezen, is iets invullen op een website een onoverkomelijke horde.

Op het werk is dat niet anders, zegt Heijkoop. Solliciteren, vrije dagen aanvragen, vacatures lezen, veiligheidsinstructies bestuderen, routes bekijken, een takenlijst plannen – voor laaggeletterden is dat al snel hogere wiskunde.

Daardoor werken ze langzamer dan ze zouden kunnen, zijn ze vaker ziek door slechte gezondheid, stress en schaamte en krijgen ze vaker een ongeluk op het werk, ziet de stichting. Niet alleen ellendig voor de laaggeletterden zelf, maar ook voor werkgevers die een groot arbeidspotentieel onbenut laten – nogal jammer ook bij een krappe arbeidsmarkt.

De Stichting Lezen en Schrijven spoort werkgevers dan ook aan om alert te zijn op taalachterstand, om personeel erop (te blijven) screenen en om ze taalles aan te bieden.

Maar wat ook al heel veel zou helpen, zegt Heijkoop, en wat relatief eenvoudig is bovendien, is als werkgevers, gemeenten, ministeries, corporaties, ziekenhuizen, politie, verzekeraars, nutsbedrijven en banken duidelijker taal zouden spreken. Jargon, jeukwoorden en managementspeak gaan namelijk niet alleen bij doorsnee kantoortijgers het ene oor in en het andere weer uit, maar zijn voor laaggeletterden al helemaal volslagen koeterwaals.

Stop bijvoorbeeld met onnodig Engels, adviseert de stichting. Zoals '*onboarden*' voor 'kennismaken'; '*agile*' voor 'beter afspraken maken', '*sparren*' voor 'overleggen', '*call*' voor 'gesprek', '*levelen*' voor 'bijpraten' en '*hrm*' voor 'personeelszaken'.

Schrap ook overdrachtelijke taal als 'opschalen' voor

'meer', 'aansturen' voor 'leidinggeven', en 'uitrollen' voor 'ergens mee beginnen'.

Verder zijn afkortingen voor laaggeletterden vaak abracadabra, zoals bila, kpi's en vrijmibo, maar zijn ook zelfbedachte woorden als 'co-creatie', 'uitvragen' en 'kartrekkers' ingewikkeld. Voor ingewikkelde woorden geldt sowieso: weg ermee. Zoals 'transparantie', 'ketenpartners', 'focusgroepen' en 'geplaceerd evenement'.

Maar bovenal zijn uitdrukkingen en gezegden voor deze groep heel lastig te snappen, zegt Heijkoop. 'Ergens op schieten' voor 'wat vinden jullie ervan', 'mensen in hun kracht zetten' voor iets doen waar je goed in bent, 'uit je comfortzone komen' voor iets nieuws proberen, en 'dat idee ligt al langere tijd op de plank' voor 'dit laten we even zo' omdat laaggeletterden dan kijken naar wat er letterlijk op die plank in een kast ligt, zegt Heijkoop.

Als je weet dat je met jeukwoorden, nodeloos ingewikkelde taal en onnodig jargon zoveel mensen uitsluit, waarom zou je er dan mee doorgaan?

Zit je op te letten, Mark Rutte?

11 REDENEN WAAROM DE DERTIGURIGE WERKWEEK GEWELDIG IS

Iedereen een dertigurige werkweek – weg met de veertigurige werkweek én weg met alle contracten onder de dertig uur. Ik moet zeggen dat ik me ook even in mijn koffie verslikte toen ik dit idee hoorde van het CNV.

De vakbond stelt voor om bij nieuwe cao-onderhandelingen een dertigurige werkweek op de agenda te zetten – tegen een salaris van veertig uur – om het stijgende aantal burn-outs in Nederland een halt toe te roepen – ik vond het een nobel streven.

Maar iedereen dertig uur – ik dus ook?! Daar kreeg ík nou stress van. Ik zou niet weten hoe ik al m'n werk in dertig uur zou moeten krijgen. Ik ben net zo tevreden met mijn huidige schema van zeven dagen per week waarin ik net zoveel kan uitstellen, koffiedrinken, katten aaien en lapzwansen als ik wil.

Heel veel lezers schrokken er ook van. Een vriend

mailde: 'Je kunt wel merken dat die gasten op het hoofdkantoor van de christelijke werknemers het werken niet echt gewend zijn.'

Een lezer schreef dat ze niet zou weten hoe ze meer uren dan haar huidige parttimecontract zou kunnen gaan werken en tegelijkertijd voor haar ouders en kinderen kon blijven zorgen.

Andere lezers wisten dat een burn-out echt niet alleen komt van te veel uren werken, maar ook door een gebrek aan erkenning, managers die je het leven zuur maken, privéproblemen en gevangenzitten in het verkeerde werk.

Vond ik allemaal valide argumenten.

Maar hoe meer ik erover las, hoe meer ik dacht: dit is een briljant idee. Kijk maar eens naar alle voordelen!

1. Want ja, de dertigurige werkweek wérkt dus gewoon. Uit experimenten in IJsland, Japan, Duitsland, Nieuw-Zeeland en Spanje blijkt dat mensen zich erdoor minder ziek melden, minder stress krijgen, productiever zijn en een betere balans tussen werk en privé ervaren. Het plan kan gefinancierd worden met uitgespaarde zorgkosten, bijstands- en ww-uitkeringen en minder inhuur bij ziekte.

We weten nog niet wat de effecten op de langere termijn zijn. En hoe het gaat uitpakken als vrouwen in de zorg en het onderwijs – die nu al op hun tandvlees lopen in een baan van vierentwintig uur – nóg meer uren moeten gaan maken. Maar daarvoor kunnen we misschien columnisten vragen om bij te springen die vanachter hun schrijftafel vinden dat ze deeltijdprinsesjes zijn.

2. Praktisch kan het natuurlijk ook prima, dertig uur. Ja, ook jouw baan. Als je alle nutteloze vergaderingen schrapt, ben je er al.

Ik snap dat het lastig is om toe te geven, maar ben je nu écht zo productief in die laatste twee uurtjes van een dag? Mensen die tachtig uur per week werken, hebben óf een bruut van een baas, óf kunnen niet plannen en delegeren.

Ik ken in ieder geval een hoop fulltimers die per week hooguit zestien uur werken en de rest van de tijd door hun Facebook scrollen, op hun schoffel staan te leunen, nutteloze rapporten zitten af te scheiden of zitten te wachten tot ze weer naar huis kunnen als de kinderen naar bed zijn. Dat kan toch een stuk efficiënter.

Sterker nog, er zijn al heel veel moeders die in Nederland al jaren een fulltimebaan in een parttimecontract doen, schreef een lezeres. 'Geen koffieroddelpraat, geen watgajijditweekenddoen op vrijdagmiddag, geen vrijmibo, geen bila's en trila's, geen vergaderingen, geen file. Niet gezellig misschien, maar wel rete efficiënt ;-)'

3. Een werkdag wordt superoverzichtelijk met een dertigurige werkweek. Iedereen begint 's ochtends om negen uur en om drie uur gaat er een gong en moet iedereen stoppen – *level playing field* noemen ze dat. Wie het werk dan niet af heeft, heeft pech gehad. Huilende mensen die niet naar huis willen of die te veel van hun werk houden: niks mee te maken. We moeten nu even doorzetten.

4. Want als je tien uur per week minder werkt, heb je meer tijd voor je privéleven en hobby's! Ja, als je geen privéleven of hobby's hebt is het even pittig. Maar dan maak je maar zin.

5. Iets in het huishouden doen in die vrijgekomen tien uur kan natuurlijk altijd. Denk je eens in: al die mannen die er nu 'geen tijd' voor hebben, hebben straks geen excuus meer.

Ik weet nog niet precies hoe we het gaan regelen dat ze in die tien uur extra ook daadwerkelijk de wasmand gaan leeghalen en niet op de golfbaan belanden of in de kroeg. Maar daar kunnen we controleurs voor inzetten – 'goedemorgen meneer, heeft u vandaag de was al gedaan?' – dat is prima te doen.

Ik weet trouwens ook niet hoe we de personeelstekorten in de transportsector, de bouw en horeca gaan oplossen als daar iedereen dertig uur gaat werken. Misschien: **6.** iedereen op dieet: **7.** minder vrachtwagens; bouwvakkers later laten beginnen: **8.** minder lawaai, en **9.** langer uitslapen en de kroegen eerder dicht: **10.** meer slaap – ook daar zie ik alleen maar voordelen, mensen.

11. Minder werken voor hetzelfde salaris maakt de weg vrij voor minder werken voor een hoger salaris.

Ik denk dat ik binnenkort eens even met m'n baas ga praten. Jullie ook?

DE COLLEGA DIE NIET KAN WACHTEN OM Z'N COLLEGA'S WEER TE ZOENEN, DE ANTIVAXER EN NOG 7 KANTOORTYPES

Vroeger had je kantoortijgers en mensen die weleens thuis mochten werken; tegenwoordig werkt iedereen (weleens) thuis en zijn er 9 nieuwe kantoortypes ontstaan.

Welk type ben jij?

1. De collega die niet kan wachten om z'n collega's weer te zoenen. Heeft veel te vaak en veel te lang thuis zitten wegkwijnen, heeft zijn collega's hartstochtelijk gemist en staat nu te trappelen om zich weer in alle borrels, heidagen, lunches en scrums onder te dompelen.

Ligt zodra zij of hij weer naar kantoor mag in hinderlaag achter de kantoorplant om je te knuffelen, over je schouder op je scherm mee te kijken en gaat op je bureau zitten. Is totaal niet bang om besmet te raken met het coronavirus.

Maakt zich wel zorgen of niet te veel ongevaccineerden besmet raken waardoor er weer een lockdown van kracht wordt. Moet elke avond naar huis gestuurd worden.

2. De collega die doodsbang is om besmet te raken. 'Want je kunt ook na twee besmettingen en tien vaccinaties nog long covid krijgen.' Komt in een astronautenpak, je weet wel, met zo'n bol, naar kantoor en weigert borrels, vergaderingen en uitjes tenzij ze buiten zijn. Vraagt of collega's gevaccineerd zijn en gaat niet naast ze zitten als dat niet het geval is.

Vraagt zijn baas om collega's die niezen en hoesten naar huis te sturen. Vindt dat ongevaccineerden verplicht zijn zich elke dag te laten testen en zet overal de ramen open. Staat de hele dag heel hard – want op afstand – met type 6 te discussiëren.

3. De collega die baalt dat iedereen terugkomt. Heeft maanden stug – deels illegaal – doorgewerkt op kantoor, en ziet nu met lede ogen zijn ruimte weer vollopen met kletsende collega's. Draaide tijdens de coronacrisis zijn eigen muziek op de stille zaal, sliep er af en toe in een slaapzak en heeft een tosti-ijzer, roeimachine en twee gasbrandertjes naast z'n bureau waar hij alle recepten van Ottolenghi op gemaakt heeft.

Is gevaccineerd en niet bang om besmet te raken – 'In

de trein kun je ook besmet raken'. Heeft wel hoge kamerschermen om z'n flexplek heen gezet om nog iets van zijn oude autonomie te bewaren. Neemt antivaxers niet (meer) serieus als collega.

4. De collega die steeds vergeet dat hij niet meer thuis zit. Komt in ochtendjas, joggingbroek en op slippers naar kantoor. Gaat om de twee uur z'n hond uitlaten. Rolt met z'n ogen in vergaderingen, gaapt hoorbaar en lacht iedereen uit omdat hij denkt dat z'n camera en microfoon uit staan. Zegt steeds 'moment, de postbode belt', 'hoor je mij?', en 'sorry, je valt weg'. Stak laatst een sigaret op in de vergadering.

5. De collega die vastbesloten is van hybride werken een succes te maken. Heeft een goed doortimmerd plan gemaakt om op dinsdag, woensdag en donderdag naar kantoor te gaan en de rest thuis. Heeft een excelletje gemaakt wie er op de andere dagen moet zijn en heeft uitgerekend dat 80 procent van de vergaderingen kan worden afgeschaft.

Is gevaccineerd en niet bang besmet te raken, maar vindt wel dat collega's met klachten thuis moeten blijven. Gelooft in kantoor, maar ook in geconcentreerd thuiswerken. Is wel snel bekaf op kantoor 'door alle prikkels'.

6. De antivaxer. Is niet gevaccineerd omdat hij óf niet in corona gelooft, bang is dat het vaccin onvoldoende is uitgetest, of omdat hij bang is dat hij dan automatisch op de 5G zit en nooit meer zijn telefoon hoeft op te laden.

Houdt zich stil over vaccineren omdat hij in de minderheid is op het werk, óf staat voortdurend met type 2 te discussiëren waardoor niemand z'n werk meer kan doen.

7. De collega die geen keuze heeft omdat zij of hij in het onderwijs, de zorg, bij de politie, in de detailhandel of in een ander beroep 'op locatie' werkt. Hoopt dat zijn vaccinatie werkt. Lacht meewarig als kantoortijgers over hun zorgen beginnen.

8. De collega die met geen stok naar kantoor te krijgen is. Komt nooit meer terug. Gaat nooit meer in de file staan om naast een collega te gaan zitten 'die de hele dag in m'n nek zit te aerosolen'. Als ze hem op kantoor willen zien, moeten ze hem met een busje in een dwangbuis ophalen.

Geloofde sowieso al nooit in kantoor. Heeft tijdens de coronacrisis thuis meer werk verzet dan in de tien jaar ervoor op kantoor. Heeft een rechtsbijstandsverzekering afgesloten met de module werk en belt met de vakbond, de OR of de MR zodra zijn baas begint over de verplichting om weer naar het werk te komen. Heeft een greppel gegraven om zijn huis en zandzakken voor zijn voordeur.

Deze groep groeit.

9. De collega die niemand mist. Zit sinds corona thuis en iedereen hoopt en bidt dat de baas hem daar laat zitten.

12 TIPS OM EEN COMPLIMENTJE TE GEVEN OP JE WERK

Een van mijn lievelingsvrouwen op Twitter, Rianne Meijer (@globalistaa), twitterde ooit 'een beginnerscursus complimenten geven': '"Wat een fantastische jurk" – prima; "Wat een fantastische jurk, nxxken?" -> niet prima.' Inderdaad. Zo makkelijk is het om een gepast compliment te maken.

Tot ik zag dat haar tweet een reactie was op een man die haar had geschreven dat hij sinds #metoo 'helaas' geen complimentjes meer durft te maken, ook niet 'wat een fantastische jurk', omdat hij bang is verkeerd begrepen te worden.

Vlak daarop hoorde ik een andere man precies hetzelfde zeggen, en begon ik toch te twijfelen. Is het de laatste jaren lastiger geworden om een compliment te maken?

Toen ik ernaar vroeg op Twitter bleek dat erg mee te vallen. Het is niet zo dat mensen gevoeliger zijn geworden, maar eerder dat complimenten of opmerkingen die tegenwoordig als ongepast worden ervaren, dat vroeger ook al waren – ja ook die van mij – maar dat mensen er toen hun mond over hielden en er nu wél iets van zeggen.

Ik kreeg in ieder geval heel veel ongepaste complimenten toegestuurd. En dus dacht ik: laat ik de cursus van Rianne Meijer eens wat uitbreiden. Als je vaak twijfelt over een compliment, of erger nog, ze helemaal nooit meer durft te geven, gebruik dan deze tips en je hoeft je nooit meer zorgen te maken!

1. Het belangrijkste van een compliment is je intentie. Als je oprecht een compliment wilt maken is bijna alles geoorloofd; als je intentie seksueel is, zou ik het niet doen.

2. In een gepast compliment horen in ieder geval geen lichaamsdelen. Dus niet: 'wat heb je mooie borsten in dat jurkje', 'ik word steeds afgeleid door je mooie benen', 'wil je aanschuiven bij deze werkgroep? We hebben nog tietjes nodig', 'ik zie al twee redenen waarom cursisten graag les van jou krijgen', of andere constructies met 'rondingen', 'tetten', of 'gestifte lipjes'.

3. Vermijd ook woorden als 'sexy', 'tampon', 'decolleté', 'zoenen', 'lekker uitgewoond', 'geil', 'cupmaat', 'string', 'seksbom', en uitdrukkingen als: 'is het waar wat ze zeggen over lange mannen' als je 'alleen maar' een compliment wilt maken.

4. Ga de gecomplimenteerde tijdens je compliment ook niet van top tot teen staan bekijken. Zeg bijvoorbeeld niet: 'die zwangerschap staat je goed' of: 'wat een mooi kettinkje' als je daarbij je blik vol op de borstpartij richt.

5. Complimenten over het lichaam zou ik sowieso laten. Dus niet: 'in deze jurk lijk je een stuk minder dik', 'je ziet er goed doorvoed uit' of: 'alles zit erop en eraan'. Haha, echt niet.

6. Liever ook niet te veel uitweiden. Dat maakt een compliment zelden **sterker**. Dus niet: 'leuke jurk – functioneringsgesprek?' maar gewoon: 'leuke jurk'. Klaar.

7. Net als al die andere 'goedbedoelde' toevoegingen als 'voor een vrouw', 'voor een Marokkaan', of 'voor je leeftijd' – weglaten graag. En ook geen bijzin die begint met 'maar' achter je compliment, zoals 'leuke jurk, maar die heb je nu al dertig keer aangehad'.

8. Hou rekening met leeftijd en hiërarchie. Een compliment over een jurk zal eerder ongemakkelijk voelen als een man van zestig hem geeft aan een vrouw van drieëntwintig, dan als een man van zesentwintig dat doet. Ook wordt het eerder ongemakkelijk als een leidinggevende een compliment maakt aan een ondergeschikte.

9. Geef ook niet alleen vrouwen of mannen een compliment, maar vrouwen én mannen – waarom niet? 'Als mannen ook complimenten zouden maken over het uiterlijk van mannen, dan zouden de complimenten aan vrouwen over hun uiterlijk niet meer zo awkward zijn,' schreef een lezer. En dat is zo.

Tuurlijk mogen mannen 'schatje' tegen vrouwelijke collega's zeggen, mits ze dat ook tegen alle mannen zeggen.

10. Probeer eens iets anders dan een compliment over uiterlijk! 'Over een goede presentatie' bijvoorbeeld, schreven lezers, 'over je promotie, dat je een marathon hebt gelopen, dat je één jaar nuchter bent, dat je cupcakes lekker zijn. Wat een armoede!' om altijd weer dat uiterlijk erbij te halen, vonden ze. Echt hè?

11. Zeg in ieder geval nooit als inleiding bij je compliment: 'Mag ik jou een compliment maken?' Dat klinkt als een vieze oom die z'n handen niet thuis kan houden.

12. O ja, handen thuishouden. Dat lijkt me artikel 1 van het gepaste compliment: hou je handen thuis tijdens het complimenten maken, tenzij met wederzijdse instemming.

Een lezer schreef: 'Ik mis het om een gemeend compliment te maken, gewoon om iemand blij te maken.' Dat vond ik een beetje een jankerd. Want zo ingewikkeld is het dus allemaal niet, precies zoals Rianne Meijer al zei.

Sterker nog, we hebben complimenten nodig, allemaal. Het geven ervan moet dus juist worden aangemoedigd. 'Als het echt gemeend en een blijk van respect voor de ander is, dan werkt een compliment helend voor zender, ontvanger en wie er toevallig bij staat,' schreef een lezer. En zo is het.

Heel veel succes!

12 DINGEN DIE JE NIET WILT HOREN NA EEN SOLLICITATIE

Je zal maar bijna zestig zijn, solliciteren bij Greenwheels en de baan niet krijgen. Dat is al best een teleurstelling. Maar als er dan ook nog in de afwijzing staat dat 'je maar moet bedenken dat Oprah Winfrey ooit werd afgewezen omdat ze niet geschikt zou zijn voor tv, Steven Spielberg werd afgewezen voor drie filmscholen en dat Elvis werd ontslagen na zijn eerste liveoptreden', en 'jij komt er wel, daar hoeven we ons gelukkig geen zorgen om te maken' – dan voel je je toch een stagiair van zeventien in plaats van een vijftiger met ruim dertig jaar werkervaring?

Ik kreeg in ieder geval vlekken voor m'n ogen toen een lezer me op deze infantiele afwijzingsmail attendeerde. Net als lezers toen ik hem op Twitter plaatste. 'Absurd' en 'Om te huilen, dit popiejopietoontje', schreven ze.

Toch is zo'n afwijzing helaas geen uitzondering. Je wilt niet geloven wat mensen soms te horen krijgen na een sollicitatie, zo bleek toen ik ernaar vroeg. De voorbeelden waren zo tenenkrommend dat ik de ergste maar eens op een rijtje zette. Misschien leren jullie er dan van, personeelswervers van Nederland. Zo moeilijk is het toch niet?

1. Stop allereerst eens met de 'algemene duizend in een dozijn'-afwijzing: 'je paste helaas niet in het profiel'. Die kennen we nu wel. Zeker als je wel degelijk in het profiel past, maar er andere redenen waren om je af te wijzen.

2. Wees liever eerlijk en schrijf: je bent te oud, te hoogopgeleid of te duur – wat meestal de reden is. O, mag je als werkgever niet eerlijk zijn omdat je dan een proces aan je broek krijgt vanwege leeftijdsdiscriminatie? Zeg dan: je maakte te veel schrijffouten. Is in negen van de tien gevallen de waarheid.

3. Maar schrijf dan zelf wél correct Nederlands! Dus niet: 'We hebben kandidaten geselecteerd met een passende cv én eveneens een goede motivatie hebben meegestuurd.' Lees je antwoord nog even door voor je op verzenden drukt.

4. Ga ook niet lollig lopen doen. Zoals chocoladegigant Tony's Chocolonely die standaard 'snorry' en 'chocogroetjes' in zijn afwijzingen gebruikt, hoewel dat volgens lezers wel meteen de sfeer van het bedrijf tekent 'waar je dan misschien toch al niet wilde werken'.

5. Wacht niet maanden of jaren met een afwijzing, maar stuur mensen tijdig antwoord. Hoewel 8 minuten en 56 seconden na een sollicitatiemail, zoals een lezer overkwam, wel weer héél snel is.

6. Pas ook op met de 'standaardafwijzing'. Zo kreeg een lezer een mail met als onderwerpregel 'algemene afwijzing', en kreeg een ander een autoreply waarin stond dat 'als je op 4 november niks gehoord hebt, je niet bent uitgenodigd voor een gesprek' met daarna het verzoek om 'geen contact op te nemen' – dat is wel heel kil.

7. Onthoud wie er op gesprek is geweest! Stuur dus niet 'geachte heer/mevrouw' of 'we nodigen je niet uit voor een gesprek' naar mensen met wie je al twee keer anderhalf uur hebt gepraat en laat een afwijzing ook niet door een 'stagiair personeelszaken' ondertekenen (echt gebeurd).

8. Een 'meerkeuze-afwijzing' vind ik ook vrij respectloos! Zoals: 'hieronder onze 3 belangrijkste criteria, kies zelf welke voor jou mogelijk van toepassing is'. Of: 'Het feit dat je bent afgewezen geeft aan dat je niet aan onze criteria voldoet, je weet zelf vast wel aan welke.'

Maar schrijf ook niet dat je 'het lot hebt laten beslissen en dat de prijs niet op jou is gevallen' of dat je 'alleen de eerste vijftig brieven hebt geopend'. 'Dan heb ik nog liever gewoon NEE,' schreef een lezer.

9. Nodig ook geen mensen uit van wie je al weet dat het cv ontoereikend is en vraag niet of een afgewezen kandidaat misschien vrijwilliger, of erger nog: donateur wil worden. Kom op zeg.

10. Ook erg: de 'trap na-afwijzing'. Zoals iemand aannemen en een week later vertellen dat er toch geen geld was, na een ellenlange procedure zeggen dat de functie toch intern is opgelost, vragen of een kandidaat nog eens wil bellen als de eerste, tweede en derde keus zijn afgevallen, of dat 'de telefoniste je niet zag zitten' en je het daarom niet geworden bent.

11. De 'sorry-dat-je-zwanger-bent-afwijzing' kan ook écht niet. Dat is de afwijzing waarin vrouwen soms ook nog gevraagd wordt hoeveel kinderen ze 'hierna nog willen', of ze willen terugbellen als ze bevallen zijn, of waarin je moet beloven binnen nu en vijf jaar niet zwanger te worden omdat je anders de baan niet krijgt – echt.

12. Maar het állerergst, voor zover mogelijk, vonden lezers toch wel het helemaal niks horen na een sollicitatie. Dan heb je het als personeelswerver echt niet begrepen.

Want solliciteren is geen spelletje, maar iets waar mensen hun zelfvertrouwen en toekomst op bouwen. Een kandidaat is geen nummer, maar een mens.

Schandalig dat dat in het personeelsvak nog steeds niet overal is doorgedrongen.

EEN SPECTACULAIRE CARRIÈRE BEGINT MET EEN SPECTACULAIRE BLUNDER: EEN SNELCURSUS IN 7 STAPPEN

Ik hou erg van blunders op het werk. Van de zeventien (!) uitgevers die het manuscript van Harry Potter afwezen. Van de lange rij personeelschefs die Japke-d. Bouma ontsloegen omdat ze niet goed genoeg was. Van de producer die 'Bohemian Rhapsody niet zag zitten als single en Queen liet vertrekken. De Facebook-medewerker die ooit – zo stel ik me dan voor – over een stekker struikelde waardoor twee miljard gebruikers zes uur lang niet bij hun sociale media konden. Een blunder kan me niet spectaculair genoeg zijn.

Want blunders zijn altijd interessanter dan successen, laten zien dat succes en mislukking verraderlijk dicht bij elkaar liggen, én leren ons nederigheid – geen carrière kan zonder blunders en hoe groter de blunder, hoe groter de carrière.

Toch hoor je mensen er weinig over. Bekijk een standaard cv en je krijgt een supersaai heldenverhaal waar de ene meesterzet leidde tot de volgende. Wat zou het heerlijk zijn, zo twitterde *Quest*-redacteur Mark Traa ooit, als er een 'LinkedOut' zou komen met al onze mislukkingen, in plaats van alle slaapverwekkende successoufflés op LinkedIn.

De Radboud Universiteit vond ooit Prutswerk uit, een online magazine met verhalen over blunders 'om het taboe op mislukkingen te doorbreken en fouten en imperfecties bespreekbaar te maken'.

Leuk initiatief, maar toen ik de verhalen las – verkeerde studie gedaan, te lang in de verkeerde baan blijven hangen, door slaaptekort een slecht college gegeven – vond ik de mislukkingen, met alle respect, toch wel wat saai en dacht ik: we hebben spectaculairdere blunders nodig.

En dus bedacht ik een snelcursus 'spectaculaire blunders maken'. Dan wordt het makkelijker om te blunderen en hoe spectaculairder ze zijn, hoe leuker ze zijn om te delen. Ja toch? Komt-ie.

1. Als je een blunder maakt, doe het dan goed. Zo is een storing die twee miljard gebruikers treft beter dan eentje voor een miljard gebruikers; is het beter per ongeluk een leiding kapot te hakken die de hele stad lamlegt in plaats van alleen je eigen straat en als je als stagiair met een varende heimachine dan toch een kabel in de Oude Maas beschadigt, zorg dan dat hij meteen helemaal vervangen moet worden, zoals een lezer overkwam. Half werk is geen werk, dat geldt óók voor blunders.

2. Ik bedoel ook: hoe groter de schade, hoe beter. Denk Nick Leeson die met risicovolle beleggingen niet alleen zijn eigen afdeling, maar de hele Barings Bank wegvaagde, of de kredietcrisis die de hele wereld platlegde.

Begin anders met de auto van je baas als je dat wat te ambitieus vindt – rij hem helemaal total loss en dan het liefst zonder eerst te vragen of je hem mocht lenen zoals een lezer overkwam.

Of begin met je eigen spaargeld! Zet alles op rood in het casino of stop al je geld in een website waar niemand op zit te wachten. Uiteraard is het nog beter als je ook nog eens al je vrienden hebt overgehaald te investeren in een kansloos project en iedereen vervolgens failliet gaat, zoals een lezer schreef.

3. Begin ook zo jong mogelijk met blunderen. Zoals de lezer die op z'n vijftiende achter de kassa van een bouwmarkt alle bedragen maar zo'n beetje schatte omdat hij geen zin had om op de prijsjes te kijken. Dat ging goed tot een klant de bon controleerde.

Maar je in je eerste week verslapen voor een zakenreis naar Parijs waar alle collega's jaloers op waren mag natuurlijk ook. Of als stagiair Connie Palmen per ongeluk doodverklaren als je bij de NOS aan het leren bent hoe het systeem werkt.

4. Hoe dommer hoe beter sowieso. Zeg dus je baan op voordat je zeker weet dat de volgende doorgaat, accepteer de opdracht om een presentatie te geven op een prestigieus congres over een onderwerp dat je totaal niet beheerst of stuur een taart naar *de Volkskrant* die honderd is geworden met de tekst 'ANP feliciteerd *de Volkskrant*' zoals het ANP deze maand deed. Schitterend.

5. Humor is überhaupt een aanrader bij blunders, zo blijven ze nóg beter hangen. Schrijf dus op de felicitatie naar je baas per ongeluk 'gefukgewenst', neem een krachtige slaappil in plaats van een pijnstiller vlak voor een cruciale presentatie, of selecteer de verkeerde dans op YouTube zodat op het juiste moment 'dertig kleuters gelijktijdig seksbewegingen staan te maken in plaats van een rondedansje' – zoals lezers met me deelden via Twitter.

6. Hoe hoger in de hiërarchie de blunder explodeert, hoe beter. Zo is het spectaculairder om op een netwerkborrel een bedrijf helemaal af te branden tegen iemand die achteraf de baas van de tent blijkt te zijn geweest dan als het een salesmanager is, en loont het meer de moeite om de hele directie van de school per ongeluk in een lokaal op te sluiten dan alleen maar de directeur, zoals een leerkracht overkwam.

7. Als je het **zélf** geen blunder vindt, tot slot, is het geen blunder. Zoals de lezer die schreef dat hij nu pakketbezorger is 'na diverse onafgeronde hbo- en wo-studies' maar zich 'beter vermaakt dan ooit'. Dat telt niet, sorry.

Laat me weten hoe het ging!

'HOE VIND JE ZÉLF DAT HET GAAT?' EN NOG 6 MANIEREN WAAROP JE JE COLLEGA'S BETER NIET KUNT AANSPREKEN

De collega die altijd te laat komt. De collega die te veel lawaai maakt. De collega die de hele dag bolletjes uit z'n neus zit te draaien. De collega die zijn afspraken niet nakomt. De collega die stinkt – we hebben ze allemaal.

Toch is de kans groot dat niemand ze aanspreekt op hun gedrag en als dat wél gebeurt: is het meestal te laat, escaleert de situatie jammerlijk en is iedereen beledigd en gekwetst.

Of nou ja, zo ging het tot nu toe in mijn carrière.

Ik blijk niet de enige die het niet goed lukt om collega's 'aan te spreken'. Sterker nog, niemand kan het, zegt Gytha Heins, die lezingen geeft over hoe het wél moet. Ze schreef er ook een boek over, *Aanspreken? Gewoon doen!* Want kritiek geven op collega's is het moeilijkste wat er is.

Dat is menselijk, zegt Heins als ik haar erover bel. 'We praten er de hele dag over; we moeten elkaar aanspreken! Maar in ons hart willen we dat helemaal niet. Zeker niet als het onze leidinggevenden betreft of als we een collega op persoonlijke zaken als hygiëne, alcoholgebruik of stemgeluid moeten aanspreken. Dat zit in onze natuur.'

Want we willen aardig gevonden worden! Bij de groep horen. Vinden het al snel betuttelend om collega's vermanend toe te spreken, willen de lieve vrede bewaren en anderen – en onszelf – geen gezichtsverlies bezorgen.

Het gevolg daarvan is dat we onze ergernissen veel te lang laten doorsudderen tot we het er allemaal in één keer uitflappen ('dit doe je nou altijd!!') en dan komt het nooit meer goed – we wachten te lang met kritiek.

Zo zonde, zegt Heins. Want als je 'even' door de zure appel heen bijt en eraan begint voordat de emmer helemaal vol is, kun je het misschien nog goed maken én al je collega's blij maken. Want die ene collega die jij irritant vindt, is dat waarschijnlijk ook voor alle anderen. Aanspreken? Doe het meteen, het liefst morgen!

Om je daarbij op weg te helpen, bedachten we hoe je zo'n gesprek het beste kunt beginnen. Of beter, hoe je zo'n gesprek beter níét kunt beginnen. Anders heb je die enorme hobbel genomen en sta je alsnog met 3-0 achter. Komen ze:

7. Begin nooit met: 'Ik heb ff een dingetje.' Of: 'Heb je ff?' – daarmee maak je de kwestie onnodig klein terwijl het voor jou heel belangrijk is.

6. Zeg ook niet: 'Ik ben gewoon eerlijk.' Dat is vaak slechts een excuus om al je gram op tafel te gooien. Bovendien, waarom zou je zeggen dat je eerlijk bent? Is de optie dat je het niet bent er ook nog?

5. 'Doe ermee wat je wilt, maar...' Niet zeggen. Want dan is de kans groot dat je collega zegt: 'Dank voor je verhaal, maar ik doe er lekker niks mee.'

4. 'Sorry dat ik het zeg, maar...' Als het belangrijk genoeg voor je is en je eindelijk de moed verzameld hebt om die irritante collega aan te spreken, is er geen enkele reden om je daarvoor te verontschuldigen. Daarmee zou je immers laten zien dat je jezelf niet serieus neemt.

3. 'Hoe vind je zélf dat het gaat?' Sowieso een van de domste dingen die je op kantoor kunt zeggen, maar zeker in een 'feedback-situatie'. Want stel dat je collega antwoordt: 'Prima!' Dan is het gesprek al beëindigd voor het begonnen is en kun je weer afdruipen. Het is bovendien ook minder relevant wat de ander vindt. Het gaat er in eerste instantie om hoe haar of zijn gedrag op jóú overkomt.

2. Ook niet slim om mee te openen, zegt Heins, is: 'Ik heb het gevoel dat jij...', of 'ik vind dat jij...' Daarmee geef je namelijk een keihard oordeel, verpakt in een zacht jasje. Zeg dus liever: 'Ik hoor dat je...', 'ik zag dat je...' – dan hou je het bij de feiten en loop je minder risico op escalatie.

1. Maar het állerslechtste begin van een slechtnieuwsgesprek is toch wel: 'Het is niet persoonlijk hoor, maar...' Want het is juist wél persoonlijk, zegt Heins. Het is gedrag dat je juist specifiek van deze persoon niet kunt uitstaan.

Je bedoelt waarschijnlijk: het gaat niet over ál jouw gedrag, altijd, maar alleen over dít gedrag tóén, maar zeg dat dan. Het is allemaal niet zo moeilijk, mensen. Of nou ja, het is dus juist heel moeilijk.

Hoe het dan wél moet? Nou, zo, zegt Heins:

1. Hou je bij de feiten en ga niet generaliseren. Zeg dus niet: 'Je luistert **altijd** zo slecht!' maar: 'Ik merkte dat je me net in de vergadering vaak in de rede viel.'

2. Zeg daarna wat je eraan stoort, dus: 'Daardoor lijkt het of je me niet serieus neemt.' Of: 'Daardoor voel ik me heel verdrietig.'

3. Het helpt altijd goed om te zeggen hoe je je ergens bij voelt, of welk gevoel het gedrag van een collega je geeft. Bijvoorbeeld: 'Ik voel me daar heel onprettig bij, ik voel dat ik daardoor onzeker word, je geeft me daarmee het gevoel dat ik er niet toe doe.' Een gevoel is persoonlijk en kan nooit met argumenten weerlegd worden. Daar zal de collega iets mee moeten (gaan) doen. Het ligt nu in ieder geval op tafel.

Heel veel sterkte ermee!

SALARIS? DAAR PRATEN WE LIEVER NIET OVER – EN DAT IS MAAR GOED OOK

Als mensen me vragen wat ik verdien, zeg ik altijd: 'genoeg'. Verder hou ik m'n mond, ik kijk wel uit. Praten over je salaris, daar komt altijd gedonder van.

Dat weet ik sinds mijn eerste échte salarisstrook, in de software in 1994. Díé heb ik gedeeld met een aantal mensen. Omdat ik er trots op was, met m'n 2500 gulden bruto! Maar in plaats van vrolijke gesprekken kreeg ik er alleen maar gezeur over.

Want de ene helft van m'n vrienden lachte me uit – 'bij de bank krijg je het dubbele' – en toen voelde ik me een loser. Bij de andere helft was ik ineens Dagobert Duck, kreeg ik jaloerse gezichten en het dringende advies om meer rondjes te geven in de kroeg – superirritant.

Ik snap salaris trouwens ook nooit. Ik zie zelden een consequent verband tussen prestaties en beloning om me heen, jullie? Of wacht, mensen met een grote mond krijgen meer dan mensen die stilletjes hun werk doen, dat is het verband dat ik zie, maar is dat een verband dat we moeten willen?

Ik word ook vaak boos over salarissen. Als ik hoor dat mensen met een leaseauto meer krijgen dan mensen die patiënten wassen in de zorg bijvoorbeeld. Ook daarom vind ik dat salaris een taboe moet blijven, dat scheelt een hoop woede en ergernis. En ja, ik weet ook wel dat dat een stomme mening is.

Want als iedereen z'n salaris verborgen houdt, blijven grote verschillen tussen collega's bestaan, zo schreven lezers op Twitter toen ik ernaar vroeg. De enige die gebaat is bij geheimhouding van salarissen is de werkgever, was een populaire mening.

Salaris is vaak ook helemaal geen geheim, schreven anderen. Leraren, als je bij defensie werkt of in het onderwijs – de cao's laten tot op de komma zien wat iedereen verdient. Maar van beide argumenten was ik niet zo onder de indruk.

Want wie zegt dat iedereen eerlijk is als er 'openheid' binnen een bedrijf is over salarissen? Datzelfde geldt voor cao's. Wie weet er zeker dat werknemers niet hun eigen voorwaarden hebben uitonderhandeld: iets eerder in een hogere schaal, een extra onregelmatigheidstoeslag, een persoonlijke bonus? Er zijn werkgevers die hun personeel verbieden over een verhoging te praten om collega's niet op een idee te brengen – dus wie zal het zeggen?

Tuurlijk zijn er mensen die door openheid een hoger salaris hebben gekregen, maar dat zijn echt uitzonderingen. O ja, dat vergat ik bijna te zeggen: ik word ook cynisch van salaris. En ook daarom vind ik dat we het er gewoon niet over moeten hebben.

En ik ben niet de enige hoor, dat jullie niet denken dat ik gek ben. 'Ik voel me alleen maar sip als ik erachter kom dat hele volksstammen beter betaald krijgen dan ik,' schreef iemand op Twitter.

'Ik heb eens per ongeluk ergens de salarissen van collega's gezien en sindsdien weet ik hoe ontzettend oneerlijk het is verdeeld, vooral tussen mannen en vrouwen,' schreef een tweede. 'Ik zou het nu alleen willen weten als het eerlijker is. Om nieuwe teleurstellingen te voorkomen.'

'Waarom zou je het willen weten ook?' schreef een derde. 'Ga liever uit van je eigen kracht. En ben je niet tevreden? Doe er dan wat aan, word beter, vraag meer, verander van baan, maar kijk niet naar een ander!' Of, en die zet ik er zelf maar even bij anders krijgen we dát weer: wees blij dát je een salaris krijgt!

Totale openheid is ook niet alles. Een lezer schreef dat in Noorwegen, waar alle salarissen openbaar zijn, de toegang tot dit register moest worden beperkt zodat niet iedereen er meer anoniem in kon grasduinen. Ze stuurde me een BBC-artikel uit 2017 waaruit bleek dat kinderen, voordat de toegang beperkt werd, op school werden gepest met het salaris van hun ouders en dat salarissen van beroemdheden grif werden gedeeld.

Verder geldt dat als CEO's weten wat hun concurrent verdient, ze dat óók willen, of uiteraard nóg meer, en de (verkeerde) salarissen nog verder stijgen. Nog meer reden om lekker alles geheim te houden.

Het zou het mooist zijn als elke organisatie een scheidsrechter had die ingrijpt als de verschillen uit de hand lopen. Of een goudeerlijke personeelsfunctionaris. Maar ja.

Wat nog het meest bij 'eerlijk' in de buurt komt, zo twitterde een vriendin, is het salarisoverzicht van LinkedIn (Premium) waarin je anoniem kunt invullen wat je verdient bij welke baan. Als iedereen dat doet, ontstaat een betrouwbaar richtsnoer dat je kunt gebruiken bij salarisonderhandelingen.

En je kunt natuurlijk met collega's die je vertrouwt afspreken de salarissen eens naast elkaar te leggen. Een lezer schreef dat ze 'overal vrouwelijke collega's had heropgevoed'. Die namen meestal genoegen met een salarisvoorstel, 'terwijl ik wist dat mannelijke collega's dat nooit deden. En dus meer verdienden.'

Samen sta je sterker, schreven ook andere lezers. Daar hoef je natuurlijk niet per se een vrouw voor te zijn. Maar hou het dus en petit comité en in een achterkamertje. Salaris is als witlof. Je kunt er van alles mee, het is een beetje bitter.

En het groeit het best in het donker.

HOE GEDRAAG JE JE ALS EEN COLLEGA KANKER HEEFT?

Soms lees je een boek en dan zit er zóveel in, dat je even niet weet waar je moet beginnen als je erover wilt vertellen. Dat had ik met het boek *Dwars door alles heen – Levenslessen van een manager die door ziekte beter wordt*. Het is het verhaal van Jeroen Mol, operationeel directeur van de vakantieparken van Landal GreenParks. Hij beschrijft erin wat er gebeurde toen hij te horen kreeg dat hij darmkanker had, geopereerd moest worden, daarna terugkwam op zijn werk en juist dóór zijn ziekte een betere manager werd.

Toen ik het las, wilde ik zijn tips meteen delen. Tips waar je ook veel aan hebt als je geen kanker hebt. Maar vlak daarna dacht ik: moet ik niet eerst proberen op te schrijven hoe je omgaat met een collega die kanker heeft? Volgens mij wordt daar te weinig over gepraat op het werk.

En dat terwijl rond de 115.000 mensen per jaar (!) te

horen krijgen dat ze kanker hebben, en er op dit moment zo'n 800.000 'overlevers' zijn die er nog elke dag mee te maken hebben.

Datzelfde geldt uiteraard voor al dat andere leed dat collega's overkomt – een miskraam, het overlijden van naasten, of als er geen goede vooruitzichten zijn bij ziekte – er zijn zoveel collega's die je nodig hebben. Wat zég je tegen ze, hoe kun je ze het beste steunen?

En dus vroeg ik Jeroen Mol of ik dat eerst met hem mocht bespreken. Als iemand weet hoe het voelt, is hij het.

Hij wilde het best proberen, zei hij. Hij waarschuwde me wel dat er geen blauwdruk of script voor bestaat, maar wilde best adviezen geven. Ik hoop dat jullie er iets aan hebben.

Maak het allereerst, zegt hij, niet te ingewikkeld als een collega kanker heeft. Denk dus niet dat je dan zware, literaire peptalks voor ze moet houden met inspirerende vergezichten. Een welgemeend 'wat rot voor je', 'ik heb je gemist', 'wat fijn dat je er weer bent' of 'wat erg wat je allemaal overkomen is' maakt vaak juist veel meer indruk. Als het maar gemeend is en oprecht en, mogelijk nóg belangrijker: als je er maar íéts over zegt.

Jeroen Mol schrijft in zijn boek dat bijna niemand hem, toen hij vierenhalve maand na zijn operatie voor het eerst weer op z'n werk kwam, vroeg hoe het ging. 'Daardoor voelde het alsof het leven was doorgegaan zonder mij, en kreeg ik een heel verloren gevoel.'

Dat lag overigens ook aan hemzelf, zegt hij. 'Ik had me veel beter moeten voorbereiden, misschien een moment moeten organiseren voor een aantal collega's om te vertellen wat er gebeurd was. Maar als er toen maar iemand had gezegd: "Wat erg wat je allemaal overkomen is", had dat al een wereld van verschil gemaakt.'

Een mooie kaart krijgen is ook heel fijn, zegt Mol. Fruitmanden en bloemen ook hoor, maar een kaart met 'ik ben me kapot geschrokken' doet je misschien nog wel meer.

Wat je beter niet kunt doen? Een collega met kanker naar allerlei medische details vragen, adviseert Mol. Of het een kijkoperatie was bijvoorbeeld, of hij chemo heeft gehad, een ritssluiting of drie gaatjes, of hij bestraald is of al die andere zaken met lichaamssappen en zakken urine aan het ziekenhuisbed – doe maar niet.

Net als over iemand anders beginnen die je kent met kanker – dat is ook niet zo verstandig. Dus de categorie 'de vrouw van de sigarenboer is net overleden aan een hersentumor'. Daarmee neem je het gesprek van de patiënt over en ontneem je hem de persoonlijke aandacht die hij juist nu zo goed kan gebruiken.

'Ik kan me voorstellen hoe je je voelt' kun je ook beter niet zeggen. Wel als je écht weet hoe het voelt natuurlijk, maar anders liever niet. Ga verder liever ook niet zitten invullen – bijvoorbeeld dat de ander er vast niet over wil praten, of het vast te moeilijk zal vinden – en ga ook niet de tijd volpraten.

Een stilte is vaak veel beter als je even niet goed weet wat je moet zeggen of zeg dát: 'Ik weet even niet wat ik moet zeggen' – elke kankerpatiënt snapt dat. Tranen in je ogen krijgen en hem even een kneepje in z'n arm geven voelt vaak ook veel meer als steun dan welk (ingestudeerd) lang verhaal ook.

Maar het allerbelangrijkste is toch wel, zegt Mol: hou contact. Ook als de kanker 'voorbij' is: blijf informeren hoe het gaat. Natuurlijk niet elke vergadering of elke week, maar af en toe. Patiënten blijven vaak hun hele leven onder controle – hou daar aandacht voor.

Op die manier wordt kanker geen zwaar taboe waar niemand het meer over heeft, maar iets wat bespreekbaar blijft, wat iedereen kan overkomen en waar iedereen steun bij nodig heeft.

Maar. Wat doen we nou met al die tips van Jeroen Mol waarmee hij juist dóór kanker een betere manager geworden is?

Daarover in het volgende hoofdstuk!

23 TIPS OM EEN BETERE MANAGER TE WORDEN (MAAR VOORAL VEEL GELUKKIGER)

Jeroen Mol was zo'n manager die overal bovenop zat, niks uit handen kon geven, zestien uur per dag werkte, met een bomvolle agenda de wereld rondreisde en nóg het gevoel had dat hij meer tijd nodig had.

Tot hij darmkanker kreeg, geopereerd werd en daarna zijn hele leven moest omgooien. Hij schrijft erover in zijn boek *Dwars door alles heen – Levenslessen van een manager die door ziekte beter wordt*.

We hadden het in het vorige hoofdstuk al over hem.

Daarin vroeg ik hem om advies over hoe je omgaat met collega's die kanker hebben. Hoe je ze beter tot steun kunt zijn. Maar Jeroen Mol heeft nog veel meer adviezen. Bijvoorbeeld over hoe hij zelf een betere manager werd, juist dóór zijn ziekte.

Dus daarom nóg een hoofdstuk over hem. 'Ik doe nu meer dan voordat ik ziek werd,' schrijft hij in zijn boek.

'In minder tijd.' Dat willen we toch allemaal wel? Komen ze.

1. Bemoei je niet overal mee. Laat je team z'n werk doen. Niet alles hoeft langs jou omdat er toevallig 'directeur' op je deur staat. Stop met het idee dat je alles kunt bepalen.

2. Ga niet alles zitten controleren. Ga niet zelf voorstellen zitten verbeteren maar zeg: ik vind de voorstellen nog niet goed genoeg. 'Het bieden van instantoplossingen maakt mensen lui en afwachtend,' schrijft Mol. 'Daardoor krijg je het zelf te druk met de verkeerde dingen. En bijten mensen niet door. Bovendien komt het de volgende keer dan ook weer je kant op.'

3. Wees streng. Als je merkt dat mensen zich niet hebben voorbereid, kap de vergadering dan af. Als je zelf niet bent voorbereid, verplaats de vergadering dan.

4. Ga niet overal over vergaderen maar vraag: is deze vergadering echt nodig? Moet ik hierbij zijn? Moet iedereen hierbij zijn?

5. Zeg vaker: 'Nee, daar heb ik geen tijd voor.' 'Het voelt eerst gek,' schrijft Mol, 'maar het went. Vroeger was mijn agenda een kop-staartbotsing van afspraken. Maak liever minder afspraken met een zinnige inhoud, dan veel afspraken die nergens over gaan.'

6. Een bomvolle agenda klinkt interessant, maar het betekent dat je geen prioriteiten kunt stellen.

7. Luister naar je lichaam. Als je rugpijn hebt of pijn in je nek of schouders, betekent dit dat je meer pauze moet plannen.

8. Plan sowieso meer pauze. Rust is niet iets voor aan het einde van de dag, maar voor de hele dag door. Plan dus blokken 'rust' in je agenda. Noem ze geen rust, maar 'ideeëntijd'.

9. Schaf lunchmeetings af. Lunch is voor pauze, niet voor vergaderen.

10. Mail alleen als het nodig is. Hoe minder je mailt, hoe minder mails je krijgt. Verbied 'FYI-mails' en cc'en om het cc'en. 'Als je dit een tijdje volhoudt,' schrijft Mol, 'droogt je mailbox mooi op tot een normale hoeveelheid mails die nuttig zijn en wel om je aandacht vragen.'

11. Ga lopen tijdens het vergaderen. Naar buiten is nog beter.

12. Ga vaker met de hond in het bos lopen, ook overdag. Werk niet in het weekend. Kijk vaker uit het raam.

13. Stop met je schuldig voelen als je uit het raam kijkt, niet in het weekend werkt, of overdag met de hond in het bos loopt.

14. Stop met het idee dat hoe hoger de functie, hoe meer dat betekent dat je 24/7 moet werken.

15. Durf te zeggen: ik kan dat niet. Ergens is het misverstand ontstaan dat leiders geen zwakte mogen tonen. 'Dat ze nooit een snotneus hebben, hoofdpijn, of een slechte dag,' schrijft Mol in zijn boek. 'Maar iedereen heeft liever een leider die vooral mens is. Daarmee kunnen mensen zich beter associëren' dan met een Superman die zegt alles te kunnen.

16. Maak meer tijd voor je gezin. De tijd met je kinderen kun je nooit meer overdoen.

17. Sla een hogere positie af als je denkt dat je in je huidige functie meer tot je recht komt.

18. Eet gezond en drink minder alcohol.

19. Besef dat je het gezicht bent van het bedrijf. Als jij op onweer staat, boos wordt of vermoeid of geprikkeld oogt, straalt dat op iedereen af.

20. Redeneer niet hoe iets níét kan, maar redeneer hoe iets wél kan.

21. Tel je zegeningen.

22. Ga bij vage klachten en erge vermoeidheid naar de huisarts. Denk niet: ik heb een jong gezin en een drukke baan, het hoort erbij, maar denk: ik stop nu al een paar keer op een parkeerplaats omdat ik m'n ogen niet kan openhouden, dat klopt niet.

23. Begin vandaag nog met de tips van Jeroen Mol.

DIT ZIJN DE 6 NIEUWE THUISWERKTYPES

Vroeger schreef ik over kantoortypes. Maar nu we zoveel (meer) zijn gaan thuiswerken, zijn er ook allerlei verschillende 'thuiswerktypes' ontstaan.

Welk type ben jij?

1. Het type dat nooit meer terug wil naar kantoor
Werkt sinds de coronacrisis thuis, is nooit terug geweest toen het mocht en vindt het heerlijk. Of wacht: is één keer terug geweest, maar was toen zo uitgeput van alle prikkels dat hij sindsdien maar thuisgebleven is. Mist z'n collega's wel hoor, maar haalt opgelucht adem bij elke nieuwe lockdown.

Komt thuis tot rust. Kan zich voor het eerst in z'n carrière concentreren op het werk en snapt niet hoe hij het ooit volhield, vijf dagen per week naar kantoor.

Slaat de smalltalk over en komt meteen ter zake. Weet online iedereen feilloos te vinden. Het grootste probleem van thuiswerken vindt hij dat z'n sokken zo snel slijten, maar hij is een fan van de 'bh-loze dagen'.

Heeft het knus gemaakt op de werkplek – thee, chocola, dekentje, panterlegging/joggingbroek. Is vergroeid met de kat en de keukenstoel en is 9 kilo aangekomen sinds de coronacrisis.

Is elke dag om één uur klaar met het werk omdat hij niet meer wordt afgeleid, doet verder klusjes in en om het huis en heeft een nieuwe hobby genomen – volkstuin, kleurplaten, fotografie, puzzelen. Doet vrijwilligerswerk voor eenzame bejaarden in de wijk en zijn politieke partij – dat komt overigens vaak overeen. Is een pakketservice voor de buren begonnen.

2. Het thuiswerktype dat er lol in heeft gekregen

Haatte vroeger het thuiswerken maar heeft nu z'n huis verbouwd, de boel geprofessionaliseerd en begint er steeds meer de voordelen van in te zien. Merkt dat het elke dag reizen toch wel zwaar was en flirtte toch al nooit met z'n collega's.

Heeft een koffiecorner in z'n woonkamer gebouwd met een zitje, een joekel van een koffieautomaat en passief-agressieve briefjes met 'de kopjes wassen zich niet vanzelf af'.

Trekt elke ochtend z'n pak met stropdas aan én schoenen, heeft een whiteboard opgehangen in de keuken, doet bij de lunch kroketten in de airfryer 'voor de bedrijfskantinevibe', en scrumt met z'n kinderen. Laat ze kopietjes maken, post-its kopen, stand-uppen en heeft ze geleerd dingen te zeggen als 'professionaliseringsslag', 'ik kan nu niet bellen want ik zit in een call' en 'proces bewaken'. De oudste loopt nu thuis stage, de jongste stuct de aanbouw. Vergadert in het bos. Dan kan de hond gelijk mee.

3. Het type dat doodongelukkig is thuis

Háát het thuiswerken. Wordt er eenzaam en verdrietig van. 'Weer alleen op die koude zolder, weer aan dat opklaptafeltje onder de trap,' schreef hij bij de laatste lockdown.

Was net aan het opbloeien toen hij weer 'mocht' en stortte in toen hem 'dat weer werd afgepakt', zoals hij het zelf noemt. Is murw nu, moedeloos, totale somberte, daar gaan we weer.

Vindt z'n werk niet leuk als het niet op kantoor is. Verliest het overzicht, heeft de hele dag Zoom-meetings zonder pauze ertussen, mist de ene helft van z'n collega's en kent de andere helft niet. Moet op het balkon zoomen omdat z'n partner ook thuis werkt. Is elke dag kapot. Heeft een onesie aan, dikke sokken en een deken om. Heeft het desondanks koud, zo koud, wordt nooit meer warm. Hoopt dat in ieder geval de sportschool openblijft. Houdt zichzelf voor de gek dat het maar voor drie weken is.

4. Het type dat weigert thuis te werken
Is niet naar huis gegaan toen het moest, heeft de hele coronacrisis op kantoor gewerkt en zit er nu illegaal. Heeft de portier omgekocht en hoopt dat niemand hem ontdekt. Gelooft in kantoor. Houdt ervan. Van de lamellen, van de afwisseling, van de drukte, het gedoe, van de printers, van de borrels en de *deep dives*. Slaapt er af en toe 's nachts.

Heeft vier kinderen die elke dag om één uur thuis zijn. Heeft geen plek voor een werkkamer. Kan zich sowieso niet concentreren thuis. Moet met een dwangbuis van kantoor gehaald worden.

5. Het ik-kan-niet-thuiswerken-domme-muts-want-ik-werk-in-het-onderwijs-de-detailhandel-de-horeca-het-openbaar-vervoer-bij-de-politie-of-in-de-zorg-type
Lacht thuiswerkers en hun zielige probleempjes hard uit.

6. Het type dat zelf kantoorruimte huurt
Wordt gek thuis en heeft nu maatregelen genomen. Huurt een plek in een verzamelgebouw of hotel en heeft daar nu een hele nieuwe set collega's bij gekregen. Zijn werk was nog nooit zo leuk. Want hij vergadert af en toe met ze mee en leert over allerlei nieuwe sectoren en bedrijven. Pakt af en toe een dossier van ze over en scrumt nu cross-sectoraal. Bidt dat de scholen openblijven maar gaat er nu alweer van uit dat we binnenkort weer een lockdown krijgen.

Gaat dan emigreren.

HELP! MIJN BREIN BLIJFT MAAR PIEKEREN. HOE ZET IK HET UIT?

We moeten meer lanterfanten, rondhangen en voor ons uit staren – misschien kennen jullie dat advies. Het wordt door alle hersenwetenschappers aangeraden en ik ben er helemaal voor.

Want het bevordert de creativiteit, ontspant het brein en is bovendien iets wat we allemaal kunnen zonder dat we daar een ingewikkelde cursus voor nodig hebben – dagdromen kan iedereen en het is gezond. Maar de laatste tijd kost het me steeds meer moeite.

Want zodra ik mijn brein 'loslaat', komen er nare gedachten, somberheid en ga ik zitten piekeren. Mijn brein was al nooit zo'n fuifnummer – het was eigenlijk altijd al best een zeikerd – maar sinds de coronacrisis, de oorlog in Oekraïne en de klimaatcrisis is het helemaal een graftak geworden.

Ik wist al dat er met je brein amper te werken valt. Dat komt omdat het zo geprogrammeerd is dat elke kleine afleiding je al helemaal uit je concentratie trekt. Dat was ooit handig in de prehistorie, toen er nog sabeltandtijgers rond onze kantoorgrotten liepen.

Maar in de moderne tijd van kantoortuinen, thuiswerkplekken, gedoe en dingen betekent het dat je door elke vallende paperclip of huisgenoot die over hoofdluis begint wordt afgeleid, en weer helemaal opnieuw kunt beginnen.

En daar komt dat interne stemmetje van je brein dus nog bij, dat je somber maakt. Dat je waarschuwt en bang maakt. Dat je midden in de nacht wakker houdt. Als je je brein z'n gang laat gaan, kom je aan leuk leven niet meer toe. Als het leven een feestje is, is je brein de begrafenisondernemer.

Klopt, zegt Stefan van der Stigchel als ik hem erover bel. Het negatieve stemmetje van je brein is berucht en uit wetenschappelijk onderzoek blijkt dat iedereen het heeft, van jong tot oud. Van der Stigchel noemt het 'de pratende, kritische collega in je hoofd'.

Van der Stigchel weet dat soort dingen. Hij is hoogleraar cognitieve psychologie aan de Universiteit Utrecht en zegt dat alle experts adviseren om te dagdromen omdat dat je brein rust geeft – 'ik adviseer dat ook hoor!' – maar dat niemand erbij zegt dat je er somberder van wordt. 'Het woord "dagdromen" klinkt heel mooi,' zegt hij, 'maar dat is het niet. Wat dat betreft vind ik het Engelse woord ervoor, *mindwandering*, beter gekozen.'

Waaróm ons brein zo negatief is, weten we niet. Misschien heeft het een functie, zegt Van der Stigchel. Als je brein alleen maar feestjes zou vieren zou je misschien niet nadenken over een nieuwe baan, een nieuwe auto of dat je bij je vrouw weg zou moeten gaan. Negatieve gedachten houden ons brein hongerig. Maar tegelijkertijd is het dus logisch dat we die negatieve dagdromerij zoveel mogelijk proberen te ontvluchten.

Van der Stigchel vertelt over een wetenschappelijk experiment waarin mensen die alleen werden gelaten in een kamer met een stroomstootapparaat zichzelf al na twaalf (!) minuten schokken gingen toedienen – puur om niet steeds naar hun eigen gedachten te hoeven luisteren.

Dat is ook de reden dat we, zodra we even pauze hebben, onze telefoon pakken, een sudoku maken, gaan bellen, en door onze 'socials' scrollen – alles om maar niet alleen te hoeven zijn met die kritische collega in ons hoofd. Tegelijkertijd is het risico daarvan dat we daarmee ons brein te weinig rust geven en uitgeput raken. Een duivels dilemma.

Dus zeggen jullie het maar, wat ik moet doen: dagdromen en somber worden met een ontspannen brein, of overspannen raken met een gelukkig brein?

Van der Stigchel adviseert om te blijven dagdromen, maar om een beetje afstand te nemen van 'de interne babbelbox'. Doet hij zelf ook. 'Dan denk ik: ah, daar is hij weer, laat hem maar even, het hoort erbij.'

Je kunt het ook op een zuipen zetten of psychedelica nemen – prima manieren om je brein positief te stemmen – maar op de langere termijn minder slim.

Een vriend van me dwingt zichzelf de positieve kanten van zijn brein te bezien. 'Dan bedenk ik dat ik me meestal uitstekend vermaak met dat brein. Het bedenkt eens wat, associeert vrijelijk, maakt grappen, en verzint de mooiste dingen om aan de werkelijkheid of de doem van verval te ontsnappen. En in het brein zetelen de herinneringen.'

Je brein negeren kan ook, en in plaats daarvan je onderbuik volgen. Dat doet een dierbare collega altijd, mailt hij. Hij ziet z'n brein 'als een soort Erik Scherder. Die zap ik ook altijd weg met z'n praatjes. Je slaapt beter en twijfelt minder. Nadeel is wel, als je je brein negeert, dat de kans op ontslag iets groter wordt, maar tegelijkertijd heb je ook een hoger salaris, een hogere functie en geen spijt, want je denkt toch niet na!'

Wat me een beetje helpt, is het motto waar ik me al jaren aan vasthoud: 'iedereen doet maar wat, ook je collega's' – vreemd genoeg stelt dat me gerust.

Net zoals op je werk protocollen, procedures, functioneringsgesprekken, *purposes*, *deep dives* en targets vaak niet meer dan een schijn van houvast zijn, zijn ook op het hoogste diplomatieke niveau creativiteit, mazzel en timing vaak zoveel belangrijker. Het onverwachte waar nog niemand aan dacht.

Zo hoop ik ook dat ergens in Europa die ene zonnestraal ontstaat uit humor, improvisatie en intuïtie. Uit het combineren van toevalligheden, uit maar wat uitproberen, dwarsliggen en hopen dat alles weer goed komt. Net als op het werk.

Tuurlijk. Uit 'iedereen doet maar wat' kunnen ook juist oorlogen ontstáán. En klimaatcrises. Maar slimme, snelle, originele ideeën komen sneller boven water dan dat logge, ellendige complexe problemen zich ontwikkelen – hoop ik.

Tegen alle mensen die problemen maken in de wereld zou ik dan ook willen zeggen: 'Als je alles op een rijtje hebt, hoed je voor het domino-effect' – over geweldige motto's gesproken. Die kwam ooit van Loesje en helpt me al dertig jaar relativeren.

Zo zijn er meer motto's waar mensen hoop uit putten dezer dagen. Een vriend mailde een groot fan te zijn van het 'inconsequentialisme' waarover filosoof Frank Meester schreef in zijn boek *Waarom we de wereld niet rond kunnen krijgen*.

'Bevrijd jezelf van de gedachte dat alles wat je doet consequent moet zijn of consistent,' schreef mijn vriend daarover. 'We klooien allemaal maar wat aan, en de ene keer ben je lekker principieel en kun je niet tegen onrecht, de andere keer ben je gewoon een slappe zak die over zich heen laat lopen. Helemaal goed, dat scheelt een hoop stress.'

Vergeef jezelf dat je het nu even niet weet, zo zou ik het in het huidige tijdsgewricht vertalen.

Een geschiedenisboek erbij pakken helpt hem ook, zegt hij. Dan kijkt hij honderd jaar terug, of duizend. 'Daar word je vaak weer wat vrolijker van,' schreef hij. 'Werkelijk niks te bedenken dat toen beter ging dan nu.' In de Middeleeuwen had je elke week oorlog. Poetin wordt 'gecontroleerd' door de open sociale media, Stalin kon in het duister z'n gang gaan, de EU is eensgezinder dan ooit – dat soort 'opbeurende' gedachten komen uit dat principe voort.

Je kunt ook juist vooruitkijken, duizend jaar, honderd jaar – dan zijn we allemaal dood. Sommige mensen lucht dat op. Net als het motto: 'geen paniek, het is maar chaos', dat een lezer me stuurde, ook van Loesje, en ook een tijdloze geruststeller.

'Doe het voor je kinderen' vind ik ook een ijzersterke, een uitspraak van nota bene Volodymyr Zelensky, de president van Oekraïne. Hij had dat gezegd tijdens zijn inauguratie in 2019, zo zag ik op Twitter, waar zijn woorden grif gedeeld werden. 'Ik wil mijn foto niet in jullie kantoren,' zei hij toen tegen zijn ambtenaren. 'De president is geen icoon, idool of portret. Hang in plaats daarvan een foto van je kinderen op, en kijk daar elke keer naar als je een beslissing neemt.' Een ijzersterk idee voor álle gemeentehuizen, ministeries, boardrooms en bedrijfskantines. Overal.

Mijn moeder zei altijd: 'Alles komt goed, en anders

maar niet' – daar word ik ook rustig van. Maar zij was Groningse, en dat rauwe realisme is niet voor iedereen. 'We zien wel en anders kijken we wel' komt uit iets zuidelijker contreien, ik meen uit het oosten. Een lezer stuurde het op als een ander motto om je aan vast te houden.

Laten we in ieder geval onze hoop delen. Als je een bericht ziet dat tot inspiratie kan zijn, deel het dan, we hebben het nodig.

Ik zag een muurschildering op Twitter uit Parijs, van een klein meisje met bloemen in het haar dat Russische tanks vertrapt, een wapperende Oekraïense vlag hoog geheven. Ik dacht aan Marianne op de Bastille en het ontroerde me en maakte me strijdbaar tegelijk.

In de sciencefictionfilm *The Matrix*, zegt Stefan van der Stigchel, wordt aan de bedenker van de schijnwerkelijkheid die de mensheid wordt voorgeschoteld gevraagd waarom hij er geen prachtige, rooskleurige wereld van gemaakt heeft. Antwoord: 'Dat geloofde niemand.' Vond ik ook een mooi beeld om me aan vast te houden.

Hoe donkerder het is, hoe beter je de lichtpuntjes kunt zien.

WERK ZOALS DE WEGENWACHT EN JE ZULT GELUKKIG ZIJN

Als je een Toyota Corolla uit 1995 hebt, zoals ik, zie je ze nooit. Die auto start altijd, en hoeft maar één keer per jaar naar de garage voor de APK. Maar laatst had ik een lekke band en toen heb ik ze toch maar even gebeld: de Wegenwacht. Het werd een onvergetelijke ervaring.

Want er ging niks mis, alles was in een mum van tijd geregeld en er werd goed werk geleverd. Binnen zeven minuten was de band geplakt, waren mijn andere vier banden ook weer op de juiste spanning ('dat doe ik meteen wel even') en hadden we zelfs nog tijd voor een lofzang op oude Corolla's die nooit wat mankeren – hij hoefde niet eens koffie.

Zo zouden we allemaal ons werk moeten doen, dacht ik terwijl ik hem bewonderend nakeek toen hij weer wegreed. We zouden allemaal moeten werken zoals de Wegenwacht – 'de laatste helden', zoals een lezer ze omschreef. Hoe heerlijk zou het zijn om een baan te hebben waarin je gewaardeerd wordt, nuttig werk doet, waarin mensen op je zitten te wachten – een vluchtheuvel tussen de bullshitbanen.

En ineens dacht ik: is dat niet iets voor ons allemaal? Dat we allemaal gaan werken als de Wegenwacht? Waarom moeilijk doen als het makkelijk kan.

Want zo eenvoudig is het dus: als je werkt zoals de Wegenwacht ligt er een geweldig jaar in het vooruitzicht, zijn mensen lyrisch over je en breng je overal blijdschap en oplossingen. We kunnen zoveel leren van de Wegenwacht!

1. Je hebt altijd een goed humeur. Niet overdreven, met veel fluiten, foute grappen en heel hard 'goedemorgen' roepen, maar de bescheiden variant waarin je vrolijkheid uitstraalt en iedereen graag een praatje met je maakt.

2. Je komt als geroepen. Sterker nog: je komt pas in actie áls je geroepen wordt en na een streng keuzemenu ('sta je veilig?'). Tot die tijd bemoei je je nergens mee. Je gaat dus niet 'proactief' of '*hands on*' aan andermans projecten zitten trekken, maar je houdt je bij je eigen werk en valt anderen niet lastig.

3. Je laat onderweg weten dat je er bijna bent. Tuurlijk, je bent altijd te laat, maar dat heb je als veel mensen je nodig hebben. Maar je kunt goed prioriteren (mensen op een donkere snelweg gaan voor mensen die thuis een lekke band hebben) en iedereen weet altijd ongeveer wanneer je er bent.

4. Je komt aan met een gereedschapskist (of een loopdossier) waaraan iedereen kan zien: dit komt goed. Je noemt het ook gewoon 'gereedschapskist' en niet 'toolbox'.

5. Je geeft mensen nooit het gevoel dat het hun eigen domme schuld is (terwijl dat 99 procent van de tijd wel zo is) maar geeft makkelijke tips waar iedereen iets mee kan (controleer je oliepeil, ga niet te lang naar de radio zitten luisteren met de koplampen aan en de motor uit, leg een oude winterjas in de achterbak).

6. Je komt met creatieve oplossingen die niet belachelijk veel kosten (wist je dat ze met een panty je V-snaar tijdelijk kunnen vervangen?).

7. Je lost het op (!) in plaats van overal alleen maar oeverloos over te zeveren. Je zeurt ook niet dat het heel moeilijk gaat worden. En als je het niet ter plekke kunt oplossen – wat nooit voorkomt, maar vooruit – heb je een plan B (we gaan nu een sleepwagen laten komen, ik breng je wel even naar de bushalte, op dit tankstation hebben ze lekkere vegetarische saucijzenbroodjes).

8. Je zegt nooit iets in de trant van: 'neem dat maar van mij aan, mevrouwtje'. Maar je legt precies uit wat eraan schort (de chip in de transpondersleutel is stuk, als je diesel tankt in een benzineauto gaat de motor kapot). En ja: je wéét waar je het over hebt en komt niet met vaag jargon aanzetten om je onvermogen te verhullen.

9. Iedereen begrijpt wat je doet. Je bent dus geen 'procesregisseur', 'spelverdeler' (ja, dat is weer iets nieuws), 'aanjager van het versnellingsteam', 'kwartiermaker', '*squad lead*' of 'opgavemanager', maar 'gewoon': monteur van de Wegenwacht.

10. Iedereen praat met ontzag over je. Zodra jij over je werk begint, ontsteken mensen in romantische verhalen. Kletsnatte vakantiegangers alsnog een onvergetelijke tijd bezorgen, Bruce Springsteen-fans die ondanks de autopech tóch nog op tijd op het concert kwamen, blijdschap brengen en vreugde. Dáár hoort werk over te gaan.

Werk als de Wegenwacht en je zult gelukkig zijn.

AL DIE VROUWEN IN HET KABINET? STOP ER TOCH MEE!

Nou, daar stonden ze dan, op het bordes. Voor het eerst in de geschiedenis telde het Nederlandse kabinet evenveel mannen als vrouwen. Een historisch moment, met heel veel voordelen.

Want je krijgt beter bestuur met een gelijkere verdeling van vrouwen en mannen, zo laat onderzoek zien. Je krijgt er ook betere mannelijke kandidaten door omdat de concurrentie onder mannen toeneemt.

Verder zijn landen die de ongelijkheid tussen vrouwen en mannen verkleinen rijker, hoger opgeleid en gezonder, zo blijkt uit studies. Zelfs Hans Wiegel gaf in zijn column in *De Telegraaf* zijn zegen aan zoveel vrouwen in het kabinet. 'Mij doet het niets: het gaat om de kwaliteit.' Kortom: de hele wereld wordt er beter van – nieuw leiderschap en zo.

Maar laten we wel even de ogen op de bal houden, mensen. Want hoe mooi het ook allemaal lijkt, voor Nederland hou ik m'n hart vast. Want kijk ook eens naar alle bezwaren van al die vrouwen aan de macht! Ik heb ze even op een rijtje gezet.

1. Allereerst is het heel lastig om vrouwen te vinden voor bestuurlijke functies. Want vrouwen moeten bewezen capaciteiten hebben om ze te kunnen vervullen. Voor mannen geldt dit niet. Halbe Zijlstra, Stef Blok, Hugo de Jonge, Johan Remkes: trek willekeurig een blik mannen open en mensen vinden ze vrijwel altijd geschikt. Vrouwen moeten daarentegen altijd onder een vergrootglas – of ze wel de relevante werkervaring hebben. Daardoor wordt het altijd een eindeloze zoektocht. Kies liever mannen en je bent veel sneller klaar. Waarom denk je dat de formatie altijd zo lang duurt?

Precies.

2. Wie zorgt er voor de kinderen? Die vraag werd terecht al gesteld toen België zijn eerste vrouwelijke premier kreeg, maar geldt natuurlijk net zo voor de kinderen van al die Nederlandse politici: wie vangt ze op uit school, wie verschoont hun luiers?! Iedereen weet dat mannen daar niet geschikt voor zijn. Laat die arme bloedjes niet aan hun lot over!

3. Hoe meer vrouwen in het kabinet, hoe meer je er moet negeren. Vroeger was het makkelijk: als een vrouw praatte in de ministerraad, negeerde je haar. Zo ging het in ieder geval in Rutte III, en zo is het ook in de rest van de wereld, blijkt uit wetenschappelijk onderzoek. Vrouwen komen lastiger aan het woord dan mannen, en áls ze aan het woord komen, krijgen ze minder kans om uit te praten.

Als er dus nóg meer vrouwen komen, zijn de mannelijke bewindspersonen straks meer tijd kwijt met afkappen dan met besluiten nemen. Niet wenselijk.

4. Mannen worden minder agressief als er meer vrouwen aan tafel zitten, zo blijkt uit onderzoek. Willen we dat? Willen we schoothondjes in het nieuwe kabinet? Schreeuwen en machismo brengt ons zoveel verder.

5. Het is niet wat we gewend zijn. Een vrouwelijke minister van Financiën, 'de hele sociaaleconomische driehoek' die 'pardoes in handen komt van vrouwen', 'en hun eerste aanspreekpunt in het bedrijfsleven (VNO-NCW) was al een seksegenote' (o god nee!) zoals het FD schreef – enig idee hoeveel vooroordelen we nog meer moeten bestrijden als dit de komende jaren doorgaat?

6. Waar stopt dit überhaupt? Moeten we er nu overal 50-50 van maken? Bij de vuilophaal, in de zorg, bij het Nederlands elftal? Er zijn trouwens zo'n 100.000 vrouwen meer in Nederland. Wat doen we met hen? En alle eenmanszaken? Hoe maken we die 50-50?

7. Vrouwen halen zich van alles in het hoofd. Straks willen ze ook nog gelijk betaald worden voor gelijk werk. Weet je wat dat kost?! Als we niet oppassen krijgen we straks ook nog een vrouwelijke premier! Een vrouw met politieke ambities sowieso. De horror.

8. Waar moeten vrouwenhaters heen? Ze kunnen al amper meer thuis terecht, in de rechtspraak, in het onderwijs, bij de NS, de ANWB, bij Albert Heijn (allemaal vrouwelijke CEO's!). Ik hoorde laatst dat er zelfs al vrouwelijke opzichters zijn in de bouw!

Straks kunnen vrouwenhaters alleen nog zichzelf zijn in de voetbalkantine, in de gevangenis en bij de mannenkapper. Daar moet aandacht voor komen.

9. Maar het grootste bezwaar is natuurlijk dat je nog veel meer vrouwen nodig hebt in de ministerraad, wil je ze pas écht goed tot hun recht laten komen, zo blijkt ook uit onderzoek.

Hoogleraar leiderschap Janka Stoker van de Rijksuniversiteit Groningen stuurde me een wetenschappelijk artikel uit *The Leadership Quarterly* waarin stond dat vrouwen pas écht kunnen praten en meebeslissen als ze in de meerderheid zijn. Bij mannen hoeft dat niet. Die nemen het woord, zelfs als ze aan een tafel met louter vrouwen zitten. Vrouwen niet. Die raken zelfs bij een gelijke verdeling nog ondergesneeuwd door de mannen.

En nee, het helpt hen niet om stevig terug te gaan praten, want stevig terugpratende vrouwen worden al snel *bitchy* gevonden, blijkt uit onderzoek. Maar nóg meer vrouwen benoemen om dit probleem op te lossen?! Pffff... Straks houden we alleen nog Man Rutte over!

Dat wil niemand op z'n geweten hebben.

FEMINISME VOOR DUMMIES

Laatst vroeg een man me of ik een feminisme voor dummies zou kunnen maken. Omdat het voor veel mannen best lastig is welke rechten vrouwen op het werk allemaal hebben tegenwoordig, en welke niet. Wat je nog kunt maken als man. Of kunt zeggen. Waar je nog aan mag zitten. Welke grappen je nog kunt maken. En welke niet meer.

Nou vooruit dan maar, jongens. Ik ben ook de beroerdste niet. Komt de lijst. Om te kopiëren en bij de koffieautomaat te hangen, om te verspreiden op het intranet. Maar alleen voor dummies hoor! De rest van de wereld weet dit al lang.

1. Vrouwen zijn er op het werk niet voor de koffie, de notulen, de vaatwasser of het versturen van bloemetjes of verjaardagskaarten. Echt, mannen kunnen dit ook! Je zal je verbazen.

2. Vrouwen willen hetzelfde salaris voor hetzelfde werk. In 2020 bedroeg de 'onverklaarde' loonkloof tussen vrouwen en mannen 4 procent bij de overheid en 7 procent in het bedrijfsleven. Weg ermee.

3. Stop met stereotyperen. Vrouwelijke eigenschappen bestaan niet, mannelijke eigenschappen ook niet – dat zijn menselijke eigenschappen. Mannen kunnen dus ook vinnig, empathisch, onervaren, sociaal en hysterisch zijn; net als vrouwen daadkrachtig, competent, arrogant en veelbelovend.

Als een vrouw (je) de waarheid zegt, is ze dus niet meteen *bitchy*, emotioneel of een k*twijf, en kun je nog prima een biertje met haar drinken. Het woord 'carrièrevrouw' gebruiken we alleen als we ook de term 'carrièreman' gaan gebruiken.

4. Vrouwen met vakkennis of ambities zijn niet 'bazig', maar hebben gewoon, euh, vakkennis en ambities. Vrouwen hoeven hun eigen vakgebied dus niet uitgelegd te krijgen op borrels, Twitter, congressen en vergaderingen.

5. De mening of het advies van een vrouwelijke expert kun je gerust aannemen. Die hoef je niet eerst door een mannelijke expert te laten bevestigen.

6. Als je als man gevraagd wordt in een panel of aan een talkshowtafel te gaan zitten met louter mannen, weiger dan je medewerking. Klaar mee.

7. Vrouwen maken graag hun zin af, in plaats van steeds onderbroken te worden. Ook wat dat betreft zijn het net mannen.

8. Als een vrouw zegt dat je met een grapje of opmerking over een grens gaat, hou dan eens vijf minuten je mond in plaats van te gaan mokken 'dat je ook niks meer mag zeggen tegenwoordig'.

9. Onderzoek wijst uit dat als meer vrouwen tot een beroepsgroep toetreden, de status ervan daalt, net als het salaris. Fijn als dat stopt.

10. Stop met vragen of ze minder gaat werken als een collega zwanger is. Stop als leidinggevende met vragen of ze (nog meer) kinderen wil. Of als je het per se wilt vragen, vraag het dan ook aan (aanstaande) vaders.

11. Als vrouwen hun kinderen vier dagen of meer per week naar de opvang brengen en je keurt dit af, geef dan niet alleen de moeder, maar ook de vader dezelfde afkeurende blik.

12. Dat een vrouw een diep decolleté heeft, wil niet zeggen dat je eraan mag voelen of een hand op haar bil mag leggen.

13. Het zou helpen als je met goed werk, competentie en bescheidenheid ook de baas kunt worden en niet alleen met machismo, geleuter, een leuter, agressie, dominant gedrag en nutteloos profileren.

14. Als ouders de vader als eerste aanspreekpunt hebben opgegeven bij school of kinderdagverblijf, bél dan ook de vader bij een calamiteit of luizen en niet toch weer de moeder.

15. Nee. Vrouwen zijn niet 'handiger' in het opvangen van kinderen of met andere onverwachte pleuris thuis dan mannen, zoals ik mensen soms hoor beweren. Sterker nog, als je een hotshot bent op je werk, ben je dat zeker thuis!

16. Gelijk ouderschapsverlof voor vrouwen en mannen. Zodat vaders en moeders evenveel ervaring opdoen met de verzorging van hun kind en werkgevers eraan wennen dat het niet altijd de vrouw is die alles oplost.

17. Dingen met kinderen en kinderopvang zijn niet louter vrouwenzaken. Dus het halen en brengen naar de zwemles, sportclub, het ophalen uit de kinderopvang, luizenouder zijn, naar schoolavonden, etc. Daar zijn ook vaders voor.

Een kind krijg je SAMEN. Dat betekent dat je er ook SAMEN voor zorgt.

Tot zover weer even!

ONLINE VERGADEREN? DAT KAN ZOVEEL BETER

Ik schreef ooit dat ik wel een knop zou willen in Teams of Zoom die mensen kleiner maakt naarmate ze langer aan het woord zijn. Om al die ellendige, ellenlange sessies wat te veraangenamen. Nou, je gelooft het niet: DIE KNOP IS ER NU!

Helden/ontwikkelaars Maarten Witteman, Jaro Vanderheijden en Siebe Vander Henst van DPG Media lieten me laatst weten dat ze de knop hebben gebouwd én dat hij werkt, zo lieten ze zien op LinkedIn. Vooralsnog alleen in Google Meet, maar hij is vast ook snel voor andere platforms beschikbaar.

Dat is toch té leuk?! Speciaal voor mij! Deze kantooramazone knapte bijna uit elkaar van trots. Maar ik werd ook overmoedig. Want als dít al mogelijk is, dan zijn er vast nog veel meer nuttige functies te ontwikkelen!

Toen ik ernaar vroeg op Twitter bleken jullie nog een

hoop wensen te hebben hoe online vergaderen beter kan. Zóveel, dat ik dacht: ik zet ze even op een rij. Komen ze, ontwikkelaars. Er is nog een hoop voor jullie te doen!

1. Die nieuwe knop kan nog wel wat beter. Dat je niet langzaam uit beeld verdwijnt als je veel praat, maar acuut als je onzin verkoopt. Dat bevlogen sprekers steeds groter worden. Of dat je stem steeds hoger wordt of zachter – al naargelang de hoeveelheid onzin.

2. Maak ook een 'jargonknop'. 'Waarmee automatisch een bullshitbingo start die de winnaar slingers, ballonnen en een vrijstelling geeft voor de rest van de meeting,' schreef een lezer. Of eentje die juist 220 volt door de muizen jaagt van mensen die 'borgen, onboarding en content' zeggen, schreef een ander. 'Ik wil daar grif voor betalen.'

3. Maak een 'tijdstrafknop'. Die vooraf instelt hoeveel minuten iemand mag praten en het volume uitdraait voor wie eroverheen gaat. Die iedereen een bonus uitbetaalt als een vergadering eerder is afgelopen. Die je neus langer maakt als je liegt. Of beter nog: een 'flushknop' waarmee je iedereen die uit z'n nek kletst zonder poespas uit de vergadering kunt gooien zoals 'de rode stoel' in de talkshow van BBC-presentator Graham Norton.

4. Maak een 'knop voor een daverend applaus'. Die je kunt aanzetten als je het met iemand eens bent, maar ook om een overenthousiaste spreker de mond mee te snoeren.

5. Of een 'dodemansknop'! Waarop je eens in de vijf minuten moet drukken om te laten zien dat je nog meedoet. Doe je dat niet, en ben je een wasje aan het draaien, fruit aan het pureren, nagels aan het knippen, de hond aan het kammen of de vaatwasser aan het uitruimen, dan word je eruit gegooid. 'Of je camera wordt ingeschakeld, in het geval van mijn slaperige leerlingen,' schreef een docent. Prima idee.

6. 'Professionele regie' lijkt me zelf ook heel fijn. Dat een vergadering meer als een sportwedstrijd in beeld wordt gebracht. Met nagelbijters, rondetijden, zielsblije mensen en teleurgestelde gezichten op de juiste momenten, zodat iedereen geboeid blijft kijken, hoe saai de 'sporters' ook zijn.

7. Ook mooi: een knop waarmee, als iedereen er tegelijk op drukt, de vergadering automatisch stopt. Reken maar dat je collega's er dan de vaart in houden!

8. Of een knop waarmee je zélf kunt bepalen wie je in beeld ziet! In plaats van de mensen die aan het woord zijn.

Ik wil sowieso een knop die collega's met katten en honden groter maakt.

9. Een offline modus waarmee leidinggevenden onschadelijk gemaakt worden – lijkt mij ook heel handig. Waarmee je manager denkt dat iedereen meedoet, terwijl in werkelijkheid alle collega's ongestoord hun eigen werk afmaken.

10. Verder kwamen nog de 'fast-forwardknop' voorbij waarmee saaie stukken kunnen worden doorgespoeld, een knop waarmee je je stem kunt veranderen in die van George Clooney of Scarlett Johansson, en, dat vond ik zelf een gouden idee: een 'beoordelingsknop' waarmee je na een vergadering kunt laten weten 'hoe waardevol deze bijeenkomst voor jou was'. 'Managers met een acht of hoger krijgen opslag, managers met een vijf of minder moeten verplicht op cursus,' schreef een lezer – briljant.

11. Maar de meeste verzoeken kwamen (uiteraard) voor een automatische 'muteknop'. Die mensen die gelijktijdig beginnen te praten automatisch op stil zet. Die mensen op stil zet die iets zeggen wat al honderd keer gezegd is. Voor parkieten, blaffende honden, (amateur)bouwvakkers, koffiezetapparaten, of 'nou ja, eigenlijk voor alle omgevingsgeluiden'.

12. Toch was de échte winnaar wat mij betreft de vergadersoftware die zo is gebouwd dat hij het zomaar ineens, onaangekondigd, een hele week niet doet. Ik zou zeggen: kom maar door, ontwikkelaars – wie maakt ons blij?!

Deze kantooramazone kan nog véél trotser.

HALLO 'BOOMERS', DIT HOOFDSTUK KUNNEN JULLIE BETER NIET LEZEN

De laatste tijd hoor je steeds vaker dat oudere witte mannen zielig zijn. Omdat ze geen ongevraagde dickpics meer mogen sturen, niks meer mogen zeggen tegen vrouwen en alles wat ze doen verkeerd wordt uitgelegd. Ik denk dan altijd: hallo! En de oudere witte vrouwen dan? Wat hún de afgelopen vijfentwintig jaar allemaal is afgepakt, en dan mezelf in het bijzonder, daar hoor je nooit iemand over.

Zoals de plant op m'n werkbureau (eigen gieter!) die ik moest inleveren voor een plastic bedrijfsplant waar je geen koffie meer bij mocht gooien. De vergadering waar je altijd zo heerlijk een dutje kon doen die veranderde in een 'efficiënte' stand-up. M'n werkbureau waar ik me thuis voelde tussen de stapels papier en de beschimmelde bananenschillen dat een onpersoonlijke flexplek werd.

Het gezonde verstand dat veranderde in 'agile werken' met post-its. Dat je nooit meer ergens over kunt wo-

mensplainen, omdat iedereen het net zo makkelijk zelf kan googelen. Het lichtknopje op het kantoortoilet dat een sensor werd waardoor je halverwege een grote klus in het duister je missie moet afronden.

Tuurlijk, soms komt er weleens iets terug uit de goede oude tijd, maar dat zijn altijd de verkeerde dingen. Zoals de langspeelplaat, broeken met een hoge taille en grote, volle baarden bij millennials. Toen ik erover twitterde dat er van alles van me wordt afgepakt en dat wat ervoor in de plaats komt zelden een verbetering is, vielen tientallen boomers me geestdriftig bij met nog veel meer voorbeelden.

De ramen op hun werk die niet meer open konden! De automatische zonwering die naar beneden ratelt bij het eerste straaltje zon. Dat je je collega's tegenwoordig een KLEUR moet geven, in plaats van dat je gewoon kunt zeggen dat Johan een beetje dominant is. Dat je de hoorn niet meer woedend op de haak kunt gooien, maar alleen nog maar driftig op je mobiel kunt drukken als je iemand de mond wilt snoeren, wat totaal geen indruk maakt.

Je contacten die je de hele dag lastigvallen met hun 'updates', over 'workshops die ze MOCHTEN geven' en dat ze 'genoten van de samenwerking' in plaats van de rolodex die vroeger zwijgend op je bureau stond. Je papieren agenda waar je gedane taken in kon afstrepen en waarvan je zélf de enige eigenaar was, en niet de halve wereld die er 'even wat inschiet voor een overleg'.

Vroeger, toen je nog naar een restaurant kon zonder dat een ober je kwam vragen of je 'bekend bent met het concept'. Toen er nog geen vouwfietsen waren en je sowieso nog plek had in de trein. In de *eurlog* toen je nog geen mail had. En dan is James Bond ook nog dood!

We kunnen natuurlijk met z'n allen blijven doen of het niet zo is, maar iedereen weet: vroeger was alles toch écht beter.

Gelukkig was er in die storm van verandering altijd nog één zekerheid. En dat was de pen. De pen die machtiger is dan het zwaard, of nou ja, in ieder geval dan de laptop.

Ik las het in m'n eigen krant nota bene: dat de pen terugkomt op scholen. Omdat schrijven met de hand kennis beter doet beklijven dan schrijven op een laptop of iPad. Omdat het gedachteloos meetikken op een laptop bij een college, schoolles of interview je gedachten een stuk minder krachtig ordent dan aantekeningen maken in je eigen schrift óp schrift, op een papieren notitieblok.

Geestdriftig hief ik mijn knoestige oudevrouwenvuistje hoog toen ik het las, m'n kunstgebit en gehoorapparaat vielen er bijna uit van het instemmend knikken. Dit had ik altijd al gezegd! Dat wie schrijft blijft, en dat er niets boven de pen gaat.

Al die collega's die hun interviews helemaal uittypen en dán pas gaan uitwerken, al die studenten die driftig op hun laptop zitten mee te tikken met colleges: hoe vaak had ik ze niet gezegd dat ze daarmee op moeten houden om in plaats daarvan aantekeningen te gaan maken op een notitieblok waarmee ze én tijdwinst én een betere structuur in hun gedachten aanbrengen?! Nu kreeg ik gelijk!

Maar helaas was de euforie van korte duur. Want al snel kreeg ik via Twitter een reactie, ongetwijfeld van een millennial, dat dat idee inmiddels 'achterhaald' is.

In de link die hij meestuurde, stond het bewijs. Dat het weliswaar lange tijd werd gedacht dat *'the pen mightier is than the keyboard'*, zoals de titel luidt van een wetenschappelijk artikel uit 2014, maar dat het experiment uit dat artikel in 2019 was overgedaan, en dat toen geen voordeel meer werd gemeten tussen een groep studenten die met een laptop werkte en een groep die met de pen aantekeningen had gemaakt.

Mijn hele wereld stortte in.

Toen ik hoogleraar cognitieve psychologie Stefan van der Stigchel van de Universiteit Utrecht appte om te vragen of het écht zo was, probeerde hij me nog te troosten. Hij appte dat de pen zeker nog steeds de beste kans geeft op goede resultaten. Dat je niet zomaar klakkeloos tekst moet overtypen, maar moet 'integreren en representeren', dat je informatie actief moet verwerken. Maar dat dat inderdaad net zo goed met een laptop kan. 'Hoewel deze wel meer kans geeft om op de automatische piloot te gaan tikken én meer afleiding geeft doordat andere programma's open staan.'

Ik vond het lief dat Van der Stigchel het nog voor de pen opnam. En ik weet ook wel dat kinderen beter leren lezen als ze de letters zélf geregeld schrijven.

Maar tegelijkertijd voelde ik ook: de nieuwlichterij heeft gewonnen – het zoveelste oude vertrouwde bastion is gevallen. Hier gaan Acer, Dell en Apple zich mee bemoeien. We zijn gedoemd.

De laptop is machtiger geworden dan de pen.

LINKEDIN IS PERFECT VOOR MARK RUTTE – LEKKER #OPPERVLAKKIG

LinkedIn past perfect bij Mark Rutte. De vrolijke oppervlakkigheid, het grenzeloze optimisme, de duimpjes, de nederige hashtags – #blessed #lovemyjob #schouderaanschouder – dat ís onze premier. Toch?

Ik was dan ook best verbaasd toen ik erachter kwam dat hij er relatief kort op zit, dat dat niet eens zijn eigen idee was, maar dat van zijn inmiddels uit de politiek vertrokken collega Klaas Dijkhoff. Kijk ze samen lachen op die allereerste post – #goodtimes. Het was het begin van een reeks berichten in de categorie #mouwenopstropen #schouderseronder en #neuzendezelfdekantop – #mooiomtezien.

Sinds nog iets recenter is er nóg meer Mark Rutte op LinkedIn, namelijk een 'minister-president-account' dat door de Rijksvoorlichtingsdienst beheerd wordt. 'Voor updates over mijn werkzaamheden, het kabinetsbeleid, werkbezoeken, internationale betrekkingen en meer', zoals Rutte er geciteerd wordt.

Ik dacht meteen: zit er iets aan te komen? Stapt hij binnenkort op? Heeft hij zijn vinkje 'beschikbaar' al aangezet? Kunnen headhunters hem al bellen? Je kunt het je bijna niet voorstellen na twaalf (!) jaar, maar stel dat Mark na de award 'Langstzittende premier aller tijden' te hebben binnengehaald iets in Brussel gaat doen, bij Schiphol of Shell (#vroemvroem). Dan kan de volgende premier er geruisloos in geschoven worden – slim bedacht, RVD.

Er staat een mooie foto bij. Goeie blauwe das (niet rood, geen paniek, hoor!). Blauw is de kleur van de wijsheid bovendien, haha. Schouders recht. Een lezer vond hem wat 'arrogant' kijken maar dat vond ik niet. Dit is de blik van een man die niets oplost – Toeslagenaffaire, aardbevingsschade, stikstofcrisis, wachtlijsten in de jeugdzorg, woningcrisis, klimaatcrisis, het land verdeeld over corona – maar toch overal mee wegkomt – ik vind het prachtig gedaan.

Toch heb ik nog wel wat tips voor de premier op LinkedIn, jullie kennen me. Die zet ik even op een rijtje. Alles kan beter, ja toch? Komen ze:

1. Vertel allereerst wat meer over je kwaliteiten – dat noemen ze 'skills' op LinkedIn. Iets als: 'kwaliteit in mensen zien (lees: VVD'ers), ook waar anderen dat al lang hebben opgegeven', 'graaft niet te diep waardoor het ontspannen blijft', 'beroemdste geheugenverlies sinds Bill Clinton' en 'bijnaam "Teflon Mark" ontvangen'.

Schrijf verder een leuk stukje over je passie en je 'why'. Kan lekker kort: 'geen passie en geen why! #niettemoeilijkdoen'.

2. Vertel ook iets meer over wat je concreet doet op je werk. Dat staat nu alleen bij je werk voor Unilever, namelijk: 'Verantwoordelijk voor opleidingen en trainingen van medewerkers en begeleiding enkele reorganisaties'. Ik dacht zelf aan: 'medeverantwoordelijk voor val kabinet', 'bij Jinek gesproken over LinkedIn-profiel terwijl Poetin Oekraïne binnenviel' of: 'gisteren genoten van de Toppers met Halbe Zijlstra #fouteoutfit'. Bij je ervaring bij Iglo Mora miste ik je favo borrelsnacks.

3. Hou het gezellig, dit is LinkedIn. Schrijf dus niet: 'Baudet formuleerde vandaag weer als een dronken aardbei', 'die Poetin is echt paranoïde', of: 'ik erger me dood aan Wopke', maar: 'tevreden over het pittige gesprek met de heer Baudet', 'Poetin weet wat hij wil', en: 'deze week inspirerende gesprekken gehad met talloze ministers #spierbalemoticon #democratie #ennuvooruit'.

4. Vermeld ook je trainingen. Denk aan de webinars 'Toekomstgericht Besturen' en 'Vrouwvriendelijker Managen' die je laatst volgde. Zet daar '#lessonslearned #ontwikkeling' bij.

5. Benoem ook pijnpunten, maar niet te concreet. Noem het woord 'Toeslagenaffaire' niet, maar schrijf bijvoorbeeld: 'Ik mocht vandaag spreken met ouders die dankzij een miscommunicatie voor een financiële uitdaging kwamen te staan. Blij dat ik er niet om ben afgetreden maar juist goed om hun veerkracht en doorzettingsvermogen te zien #stappenzetten #nietblijvenhangeninnegativiteit #weernaastelkaargaanstaan'.

6. Maak af en toe een gebbetje! LinkedIn wordt anders veel te serieus. 'Blij samen te werken met Kaag bij herziening belastingstelsel #hahaha' bijvoorbeeld. Of: 'Is dit nu al mijn vierde kabinet?! #uitgestokentong #gaafstelandterwereld'.

7. Dan wat zaken die je al heel goed doet, maar die voor veel anderen op LinkedIn nog niet helemaal duidelijk zijn. Bijvoorbeeld dat LinkedIn er niet is voor privézaken. Een klein beetje privé mag natuurlijk best. Zoals: 'Was bij de 25.000ste voorstelling van Soldaat van Oranje #waareenkleinlandgrootinkanzijn #cultuur', 'Leuk Diederik Samsom weer eens te zien! #functieelders' of: 'Helemaal opgeladen na fietsrit naar het werk – met appel #gezond #eigenbodem'. Maar hou het op dat niveau.

LinkedIn is er dus niet voor geboortes, huwelijken (tenzij het een zakelijk huwelijk is), twintigwekenecho's en *gender reveal party's*. Daar is Facebook voor.

Net als posts over complottheorieën over vloeibare chips die worden ingespoten – niet doen. Of verhalen zoals die over het jongetje dat geld spaart om een uur van zijn vaders tijd te kopen en hem een 'wijze les leert over wat écht belangrijk is in het leven – de vader brak in huilen uit en vroeg zijn zoon om vergiffenis' – tenenkrommend.

Bedenk liever je eigen wijze les ('recht zo die gaat!') en dan vooral graag KORT. Tijd is geld, mensen, er moet een land worden opgebouwd.

8. Dan, tot slot, je zwakke plekken. Ik zou ze zo snel niet weten – je bent gewoon een heel gaaf mens. Hooguit dat je wat lang op dezelfde plek gebleven bent, en acht jaar (!) over je studie geschiedenis gedaan hebt, maar dat kun je ook #loyaliteit noemen. Ik zou me dus weinig zorgen maken over die volgende baan.

Dit gaat helemaal goed komen, Mark!

'TOTAAL OVERPRIKKELD' NA EEN DAG OP KANTOOR

Soms ga ik weken niet naar kantoor en áls ik dan weer ga, ben ik daarna doodmoe. Alsof er een bus over me heen gereden is.

En dat terwijl ik op zo'n dag voor mijn gevoel alleen maar wat gesprekjes voer, een ommetje maak, een vergadering heb en misschien daarna nog wat ga eten met een vriend. 'Gewoon', zoals ik vroeger twee, drie, vier keer per week deed. En nu ben ik vaak na één keer al doodop? Wat is er gebeurd?

Toen ik er op Twitter naar vroeg, bleken meer thuiswerkers dit te herkennen als ze na lange tijd weer naar kantoor gaan. 'Alsof ik knock-out ben geslagen,' schreef er één. 'Zin om de komende 48 uur gewikkeld in een donzen deken in een donkere kamer te liggen,' een tweede. 'Totaal overprikkeld en in paniek,' schreef een derde. Hoe kan dit? Hoe deden we dit vroeger dan? Ik denk zo:

1. Vóór corona waren we aanpakkers, logistieke professionals, supermensen. We trotseerden regen en wind. Gingen tanken, plakten onze band, stonden op als de wekker ging (!), fietsten, namen onze laptop mee, sjouwden met beamers, legden polders droog, bouwden bruggen, schoten afspraken in, zetten rapporten in de grondverf, bewaarden verse maaltijden in de vriezer, smeerden brood, regelden een oppas, gingen met de voc naar de Oost – even met je hoofd tegen een muurtje beuken en weer door.

Nu, na maanden coronacrisis met een dekentje op de bank, of achter onze pc op de keukentafel, zijn we als topsporters die maanden in het gips hebben gezeten: het geringste zuchtje wind blaast ons omver – we zijn watjes geworden. Gaat even duren voor we weer terug zijn op het oude niveau.

2. Vroeger gelóófden we in kantoor. Dat euforische gevoel van productiviteit na een paar bila's, mietings, een lunch, even kletsen, koffie en die achterlijke reistijd heen en terug – we leken wel gek, maar we dáchten dat we hartstikke goed bezig waren.

Tijdens de coronacrisis kwamen we erachter dat we thuis in een ochtend konden doen waar we op kantoor drie dagen over deden – met tijd over en vaak nog beter ook. Daarom zijn we moe van een dag kantoor. Omdat we het nu weten: we hebben geen reet gedaan. Dat motiveert niet echt.

3. Vroeger konden we het: met een vriendelijk gezicht al die mensen te woord staan. De hele dag door. De portiersloge ('ik heb m'n kniebanden gescheurd bij het voetballen'), de mensen van de ICT ('nee, wij hebben nooit thuisgewerkt, haha'), de mensen van de catering ('de gevulde koeken zijn in de aanbieding'), het secretariaat ('er zit een fout in je loonstrook'): mensen die je maanden niet zag, sprak of nodig had.

Ons brein is al die stemmen, geuren, prikkels en geluiden niet meer gewend. We kunnen ze niet meer muten, wegdrukken, ophangen of tegen ze zeggen 'ik rij een tunnel in'.

Een aardige collega zei afgelopen week: 'Ik denk de hele dag: hou toch je fakkin kutbek. Dat had ik vroeger nooit.' Een lezer schreef dat het geluid van mensen die een appel eten haar al door merg en been gaat. Een ander: 'Nu weet je ook eens wat autisten de hele dag voelen.' We zijn de onzin verleerd, hebben kortere lontjes gekregen. En mensen met korte lontjes zijn sneller moe.

4. Vroeger dachten we dat we onmisbaar waren! Dat als we niet naar kantoor kwamen, de hele wereld in zou storten – dat gaf ons energie. Nu weten we dat niemand ons mist als we thuisblijven. Sterker nog: dat het vaak een stuk beter gaat zonder ons. Dat we net zo goed in onze pyjama thuis kunnen blijven.

We vragen ons af: zitten we hier nog wel goed? Wat is mijn baan waard als hij gestript is van alle franje? We zijn tobbers geworden. Een collega zei laatst: 'Ik ben tijdens de coronacrisis niet twee, maar tien jaar ouder geworden.'

5. Net als onze pubers zeggen 'waarom zou ik het boek lezen als ik ook de samenvatting kan downloaden?' zijn ook wíj ons gaan afvragen waarom we helemaal naar Oldenzaal zouden rijden voor een congres (uitstoot! files! reistijd!) of überhaupt de snelweg op zouden gaan of de trein in om naar kantoor te gaan. We zijn kritisch geworden. Zeurpieten. En zeurpieten zijn sneller moe.

6. We zijn het vergeten, maar we waren vroeger ook al moe hè, van kantoor. Toen sliepen we ook in de trein, met opgedroogd kwijl in je mondhoek wakker worden en dan duizelig de fietsenkelder in. Toen bezweken we ook op de vrijmibo. Toen zaten we ook al af en toe op het randje.

Rest de vraag: hoe dán? Hoe gáán we dit ooit weer doen? Kantoor, ons sociale leven, leven überhaupt. Gaan we nu dood? Nee joh. Doe niet zo dramatisch. Gewoon weer even de tandjes op elkaar.

Dus consequent elke week twee keer een vrijmibo (ook een op maandag), en dan flink aangeschoten naar huis. Permanent, waar je ook heen gaat en ook in het weekend, je vouwfiets meenemen, je laptop, toegangspas en een overheadprojector, zodat je er weer aan went.

Bewust tien vergaderingen op één dag plannen. Jezelf weer leren om af te stompen. En dan daarna gewoon weer ouderwets vijf dagen per week naar kantoor. Maak je geen zorgen. Alle vertrouwen.

Dit gaat helemaal goed komen.

HET ENGELS RUKT OP IN HET NEDERLANDS EN HELAAS OOK IN DE DIKKE VAN DALE

Ik was gevraagd een praatje te houden ter gelegenheid van de feestelijke presentatie van de zestiende editie van de Dikke Van Dale, het Groot Woordenboek der Nederlandse Taal, en ik was er trots op – trots, dankbaar en gelukkig, maar echt! Want de Dikke Van Dale!

Het walhalla van de Nederlandse taal. De laatste poot onder de troon van het Nederlands. De bewaker van onze cultuur. Want taal is cultuur, de spiegel waarin we kijken om te zien hoe we zijn en wie we zijn. De spiegel die ons laat zien wie we wíllen zijn.

Taal maakt uit – hóé je iets zegt is vaak nog belangrijker dan wát je zegt. En Nederlands is onze taal, waar ik al zoveel jaren met zoveel plezier over schrijf. Nogal een eer dus, dat ik op dat feest gevraagd was te spreken.

En toch stond ik er ook met een bezwaard gemoed. De Nederlandse taal is aan het afbrokkelen. Want er is een macht die oprukt, die aan de poorten staat en met grote vieze modderpoten binnen is komen stampen. En dat is natuurlijk het Engels. Het alomtegenwoordige, niet te stuiten Engels.

Het Engels is overal in onze taal. Op kantoren, in de reclame, op scholen, in de gezondheidszorg, op de ministeries, bij gemeenten, bij de kapper.

Content, input, cashback, experience, targets, de *patient journey* – als ik sommige mensen hoor praten, is het soms net of ik een *story* van een groepje Amerikaanse *influencers* op Instagram sta te bekijken – zo onbenullig.

Invites terwijl ze een uitnodiging bedoelen, *reminders* als ik niet meteen reageer en *requests* of ik *keynotes* wil verzorgen, *wrap-ups* en *take home messages* – om volslagen krankzinnig van te worden. Je zou ze allemaal in een taalkliniek willen laten opnemen.

Ik noem dat altijd 'de Engelse Ziekte' – Engels dat nergens voor nodig is, Engels dat niets toevoegt, en alles krompraat wat daarvoor recht was, met als voorlopig dieptepunt iemand die me ooit vroeg of hij 'een *ask* bij me mocht neerleggen' – hij bedoelde: een vraag stellen.

Hoe onnodiger de managementhype, hoe meer Engels er gebruikt wordt, let maar eens op – *purpose, the why, agile, lean, epic* – ik ben inmiddels meer tijd kwijt om lezers uit te leggen wat hun baas bedoelt, dan aan m'n eigen werk.

Ik snap het wel. Het klinkt in het Engels natuurlijk een stuk minder ellendig, dat moet ik de Engelse school nageven. Zo klinkt het een stuk spannender als je zegt dat je vandaag een *deep dive*, een *brown paper bag*-sessie, een *stand-up* en een *townhall* hebt gehad, dan dat je je van de ene totaal overbodige vergadering naar de andere hebt gesleept.

Gelukkig was er in die wereld van al het ellendige nep-Engels altijd nog de Dikke Van Dale. Het instituut van het Nederlands. Thuiskomen. Degelijk, stoffig Nederlands, de bron waaraan ik me kon laven. Waarin je kunt opzoeken dat het niet 'ik besef me' is, maar 'ik besef'. Waarin staat dat het niet 'het vuur aan de schenen leggen' is, maar 'iemand het vuur ná aan de schenen leggen'. Als ik het even niet meer zag zitten met de Engelse Ziekte, ging ik ermee onder een dekentje bij de kachel zitten.

Hier was ik veilig.

Maar die tijd is voorbij. Ik maak me zorgen om de Dikke Van Dale. Want zelfs hier is de Engelse Ziekte opgerukt.

Zelfs hier, in het heilige der heiligen van het Nederlands, staat het Engels met z'n modderpoten te trappelen. De Engelse Ziekte heeft nu zelfs de fundamenten van onze cultuur aangetast.

Sterker nog, ze zijn er zelfs trots op, bij de redactie! Want in het begeleidende persbericht van de zestiende editie werd juichend vermeld, alsof het een heuglijk feit betreft, dat de Dikke Van Dale er een kleine duizend woorden uit het Engels bij heeft gekregen.

Alsof we daar blij mee moeten zijn. Alsof we gezinsuitbreiding vieren, in plaats van het totale failliet van de Nederlandse taal. *Airfryer*, *influencer* en *streetfood* staan er nu bijvoorbeeld in – alsof daar geen Nederlandse alternatieven voor zijn: luchtfrituur, rolmodel en kleine, veel te dure porties die je moet delen met je tafelgenoten, of wacht, dat is *shared dining* (sjèrt daining).

Maar bovenal: waarom? Waarom moeten er Engelse woorden in een Nederlands woordenboek? Als ik Engelse woorden wil opzoeken, pak ik wel een Engels woordenboek.

Sommige mensen zeggen 'wat zeur je nou – boomer!', vaak vlak nadat ze me in de DM van Twitter en LinkedIn gevraagd hebben wat die Engelse woorden op hun werk betekenen.

Die critici vinden het een 'verrijking' van de taal, al dat quasi-nep-Engels. Op die manier groeit onze taal, zeggen ze. En verandert hij.

Ik vind dat niet. Ik vind alleen nieuwe Nederlandse woorden een verrijking van de taal, niet gemakzuchtige Engelse synoniemen. Dat soort woorden noem ik geen verrijking, maar een verdringing van de taal.

Ik zou dan ook zeggen: maak maar een nieuwe druk, Van Dale! Zonder Engelse Ziekte. Want ik wil geen *reminder* maar gewoon een herinnering. Ik wil geen *stand-up* maar gewoon even liggen. Ik wil geen *streetfood* maar gewoon een (eigen) bord eten. Ik wil een Dikke Van Dale voor BIJ de haard.

    Niet eentje voor ERIN.

6 TIPS OM JE MINDER TE ERGEREN AAN COLLEGA'S

Jullie weten dat ik altijd alle geduld met jullie heb. Dat ik altijd begrip heb voor jullie geklaag. Over mensen die hun nagels zitten te knippen in de treinspits, collega's die de hele dag naast je zitten te bellen, die de bruine strepen in de pot laten zitten of de hele dag over hun nieuwe hogedrukreinigers of zonnepanelen kletsen.

Maar laatst dacht zelfs ík even: kom op, jongens. Je kunt het ook overdrijven. Want toen stuurde het ANP een nieuwsbericht dat de irritaties op kantoor weer toenemen nu kantoorwerkers er na de coronacrisis terugkeren.

Er stond ook een top 50 (!) van ergernissen bij. Collega's die slijmen bij de baas (nummer 15), collega's die ziek naar kantoor komen (nummer 3), die ongemerkt zingen of fluiten, haha (nummer 44), die in je gezicht hoesten (nummer 2), die te dicht bij je komen staan (12), die hun handen niet wassen nadat ze op het toilet geweest zijn (nummer 8), collega's die luid praten (dat was de nummer 1) – de haat spoot me tegemoet.

Het onderzoek moet met een korrel zout genomen worden. Dat zeg ik er eerlijk bij. Want het waren conclusies uit een enquête onder 1500 Britse kantoorwerkers die was uitgevoerd in opdracht van Essity, producent van maandverband, toiletpapier en tissues. Er waren dus verdacht veel klachten over papieren handdoekjes en rollen toiletpapier – daar heb ik nog nooit een (Nederlandse) kantoortijger over gehoord.

Maar de meeste ergernissen herkende ik meteen van verhalen op Twitter en LinkedIn die ik de laatste weken lees. Ik kreeg er een beetje een kleuterschoolgevoel bij – 'Juf, hij plast over de rand, juf, hij trekt aan mijn staartjes, juf, hij laat steeds scheten.'

Maar ik dacht vooral: mógen we eindelijk weer naar ons werk, na al die maanden thuis te hebben zitten klagen over eenzaamheid, over de kinderen en ellenlange dagen met alleen maar Teams-vergaderen, is het wéér niet goed.

En dus ben ik in dit hoofdstuk eens een keer ietsje strenger dan jullie van me gewend zijn. Wel met handige tips uiteraard, anders gaan jullie straks op kantoor met elkaar op de vuist, maar wel met iets minder geduld dan ik meestal met jullie heb – kom op nou.

1. Want dit is niet nieuw, hè? Dat we onze collega's af en toe door de papierversnipperaar willen jagen. Dat was voor de coronacrisis ook al zo. We kunnen natuurlijk wel doen alsof de irritaties heviger zijn dan ooit, maar dit is wat er gebeurt als je 150 man samen in een hokkie zet, dit komt niet goed – wen daar nou eens aan.

2. Ga gewoon wat minder dagen per week naar kantoor, bedenk een excuus. Dat je anders aambeien krijgt, dat je jongere collega's graag een kans wilt geven, dat je sinds de coronacrisis niet meer in liften durft – wees creatief en werk verder lekker thuis of waar dan ook, waar jij het beste werkt.

3. Ga ook minder uren per dag naar kantoor! Laat even je gezicht zien, roep iets strategisch over bedrijfstakbreed kantelen in de stand-up, zwaai met wat dossiermappen, plak een paar post-its, vertrek weer en werk elders verder.

Zeg dat je een belangrijke afspraak buiten de deur hebt, dat je met de CEO gaat golfen of dat je een '*why finding* hei-retraite' hebt – kijk anders op LinkedIn als je inspiratie nodig hebt voor een smoes. Daar staan dagelijks duizenden verhalen van mensen die op de meest waanzinnige manieren de dag doorrollen.

4. En ga eindelijk eens handhaven op kantoor! Al die ergernissen die je gewoon kunt voorkomen – collega's die 800 mails staan te printen, collega's die hun bedorven eten niet uit de koelkast halen, collega's die hun kopjes niet afwassen – treed daar gewoon tegen op!

Trek desnoods de *chief happiness officer* van z'n luie reet om met een zweep en de brandblusser in actie te komen tegen overtreders, of om zieke collega's per kerende post naar huis te sturen. Brengt die ook eindelijk eens z'n geld op.

5. En maak nou eens afspraken! Dat er niet vergaderd wordt in de wandelgangen maar in een hok met een deur die dicht kan, dat er niet wordt gepraat tussen negen en twee, dat iedereen die z'n handen niet wast op het toilet met z'n hoofd door de pot wordt getrokken. Hoe moeilijk kan het zijn?

6. Maar de beste tip is, denk ik, om áls het een kleuterschool is op je werk, ook kleuterschoolregels in te stellen.

Dus een rood blokje op je bureau als je niet gestoord wilt worden, samen tuinkers kweken op een watje, een kralenketting om naar het toilet, een stickertje in je schrift als je netjes hebt doorgetrokken, iemand die je gezicht twee keer per dag met een washandje boent, wedstrijdjes wie het langst z'n mond kan houden, een zonnetje-van-de-weekverkiezing – of dat je in de poppenhoek mag als je de hele week een braaf kantoortijgertje bent geweest.

Dagelijks overleven miljoenen kleuters de dag met als enige hulpmiddelen wat pleisters, jodium, luiers, droge kleren en een onverwoestbaar humeur. Als zij het kunnen, kunnen wij het ook.

Dan zal ik de juf wel weer zijn.

ENERGIE BESPAREN OP JE WERK? ONTSLA ALLE VROUWEN EN STA TEENSLIPPERS TOE OP KANTOOR

Zelf zit ik 's winters altijd thuis in het donker te werken om energie te besparen. Met drie truien aan, de thermostaat op vijftien, twee paar geitenwollen sokken en twee badjassen. Maar eigenlijk zouden we allemaal minder energie moeten gaan gebruiken, en rap een beetje.

Dat moesten we al heel lang met de klimaatcrisis, maar nu, met Vladimir Poetin er ook nog bij, helemaal. Met elke minuut die we langer douchen of verwarmen, spekken we zijn oorlogskas.

Het kabinet is daar ook achter en kwam met een campagne onder de titel 'Zet de knop om'. Als eerste, makkelijkste slachtoffers zijn de ambtenaren gekozen, bij wie vanaf deze maand de thermostaat 2 (!) graden lager gaat. Er is ook een website met tips voor de burger.

Toen ik ze las, dacht ik: amateurs. Tuurlijk bespaart het energie als je 'de thermostaat lager zet', 'alleen ruimtes verwarmt waar je bent' en 'korter gaat douchen', maar ik kreeg er een beetje een 'hitteplan'-gevoel bij, zo van: 'Draag lichte kleding als het buiten 45 graden is' – hallo, dat kan écht nog wel wat ambitieuzer.

En dus bedacht ik de volgende aanvullende maatregelen. Zo moeilijk is het niet, mensen. Deze klus gaan we samen klaren.

1. Ontsla allereerst alle vrouwen, die kosten werkgevers handenvol geld aan energie. Vrouwen hebben namelijk gemiddeld minder spieren, kleinere organen en kleinere lichamen dan mannen. Daardoor produceren ze minder warmte – het verschil kan oplopen tot wel 35 procent! Daar kunnen we in deze kritische tijden echt geen rekening meer mee houden.

Zet ze liever thuis aan het werk. Dan kunnen de wasmachine en de droger eruit – ook allemaal energieslurpers – en blijven de vrouwtjes meteen warm. Moeten we nog wel even bekijken hoe we zonder vrouwen de zorg gaan organiseren, het land, het onderwijs, het bedrijfsleven, de overheid en de rechtspraak – maar dat komt vast goed.

2. Mannen hoeven sowieso niet verwarmd te worden op het werk. Want die hebben 'het nooit koud' – dat zeggen ze tenminste altijd tegen mij. Jonge collega's kunnen ook goed tegen kou, want die hebben geen geld voor verwarming thuis – die hebben vaak niet eens een huis! – dus die zijn er al aan gewend.

3. Breng de hartslag omhoog. Al jaren doen we niks anders dan rust en kalmte bewaren op kantoor – tijd om daarmee te stoppen. Zorg dus voor meer ruzie, meer affaires, meer woede, meer plezier, meer opwinding, meer blijdschap – alles waar de temperatuur van stijgt. In Italië staat ook nergens de verwarming aan, ook niet in de winter. Het lijkt mij helder hoe dat komt.

4. Ga sporten op het werk om warm te blijven. Dus problemen tackelen, vliegende keeps, scrummen, kort op de bal zitten, balletjes opgooien, *huddles*, de lat hoog leggen, er met gestrekt been in gaan – ik had nooit gedacht dat jargon ooit nog eens nuttig zou zijn, maar dit is hét moment om alle sportmetaforen eens letterlijk te gaan gebruiken.

5. Schakel apparaten die je niet gebruikt uit, of beter, als je ze niet núttig gebruikt. Denk aan mensen die zitten te patiencen op het werk, of overbodige memo's, beleidsplannen en richtlijnen zitten te tikken – zet hun pc uit en laat ze truien en sjaals breien voor hun collega's. Mensen met fopbanen kunnen sowieso naar huis en gaan helpen met het huishouden en de kinderen. Dit is sowieso een prima tijd voor meer qualitytime met het gezin.

6. En doe het licht eens uit na werktijd! Sjezus. Overal zie ik 's nachts nog kantoorkolossen als een kerstboom verlicht, wat is dat voor waanzin?!

7. Installeer liever overal bewegingssensoren. Nu zijn die er alleen op het toilet, waar ze het alleronhandigst zijn! Ben je net lekker bezig met je nummer twee, moet je weer uit je hokje om het licht aan te zwaaien – om gek van te worden.

Hang ze dan overal! Dat je ook van je luie reet moet komen om het licht aan te houden op je flexplek, in de kantine en tijdens de stand-up. Blijf je meteen warm. Ook handig in de zomer als de airco een vrieskist van je werk maakt.

8. O ja, en zet die vreselijke airco's in de zomer eens 10 graden hoger! Dat durf ik best een voordeel van de energiecrisis te noemen – dat in de zomer je vingers er niet meer afvriezen als het buiten boven de 30 graden komt.

9. Laat mensen wérken voor hun warmte of koelte. Dat de verwarming of de airco pas aan mag als het werk af is. Zie het als teambuilding. Dan hoef je ook niet meer naar een duur conferentieoord (over energiebesparing gesproken) – ik zeg win-win.

10. Herstel de kantoorinterieurs uit de jaren tachtig in ere. Dus weg met de grote, galmende, energievretende kantoortuinen en iedereen weer een eigen kamer, (vlekkerige) vloerbedekking, kleine raampjes, systeemplafonds en een centrale koffieautomaat in plaats van op elke verdieping een barista – wat denk je dat dat scheelt? Lelijke kantoren zijn bovendien ook veel gezelliger.

11. Maar het meest drastische advies, ik heb het er zelf ook moeilijk mee, is dat we onze lang gekoesterde dresscodes eens op de helling moeten zetten. We laten al ons decorum varen.

Denk aan het toestaan van de coltrui op kantoor (huil), de Mart Smeetstrui (oef), het windjack over het colbert (aargh), witte leggings onder zomerjurken, korte broeken (help) en ja, daar istie dan, slik: het weer toestaan van de teenslipper op kantoor zodat de airco minder snel aan hoeft.

Wanhopige tijden vragen om wanhopige maatregelen, nood breekt wet, als we het doen, dan gaan we tot het gaatje.

Hebben jullie dit allemaal genoteerd, ministers van klimaat?

ONGELUKKIG OP JE WERK? STOP MET ZEUREN EN ZOEK IETS ANDERS

Als kantoorexpert weet ik als geen ander hoe zwaar werk soms kan zijn. Maar er zijn momenten dat ik denk: je kunt het ook overdrijven. Dat heb ik bij de *anti-work movement* – een beweging waar je steeds meer over leest.

Het zijn mensen die weigeren zich nog langer te laten afbeulen op het werk en het liefst helemaal met hun werk willen stoppen – werk maakt hen ongelukkig.

Het zijn ook mensen die fulltime werken niet meer kunnen volhouden. Ze zien werk als een kapitalistische samenzwering van zinloze bullshitbanen waar alleen de aandeelhouder de vruchten van plukt en die de mensen die het systeem mogelijk maken berooid en uitgemergeld achterlaat.

Ze werken alleen nog het aantal uren waarmee ze hun huur en boterham kunnen betalen. De rest van hun tijd besteden ze aan zaken die zíj belangrijk vinden. Poeh hee.

Toen ik er voor het eerst over las, begin dit jaar op de website van de BBC, snapte ik de basis heel goed. Mensen die eens in het jaar hooguit een week betaald verlof mogen opnemen. Mensen die geen geld krijgen als ze ziek zijn. Mensen die klanten moeten voorliegen van hun baas – logisch dat je daarmee stopt. Uitbuiting hoeft niemand te tolereren.

Maar halverwege het stuk dacht ik: dit gaat toch niet om *anti-work*, dit gaat om *anti-bad bosses*. Als je ergens wordt uitgeknepen, hoef je toch niet meteen in een existentiële crisis over ál het werk te raken? Als je ongelukkig wordt van je werk moet je niet stoppen met werken, maar een andere baan zoeken, of beter nog: een andere baas.

Wat ik ook niet snap: wie is er nou zo dom om veertig uur of meer per week te gaan werken? Het aantal parttimers groeit gestaag in Nederland. Zouden die mensen weten dat geen enkele fulltimer fulltime werkt?

Ja, wij wel natuurlijk, en ik ook, uiteraard. Wij werken braaf veertig uur of meer per week, maar wij zijn de uitzondering. De rest van de fulltimers haalt dat echt niet.

Zeker in zo'n fopbaan als *agile transformation coach*, pensioenbelegger, CEO, onderwijsbestuurder of uitgever. Beetje met je Tesla rijden, beetje lunchen, beetje overleggen en de helft van de tijd een 'afspraak buiten de deur' en dan naar de golfbaan – meer is het écht niet.

Een fulltimecontract is een complot waarvan iedereen die een fulltimecontract heeft, weet hoe het zit. Als ik zou moeten schatten, zou ik zeggen dat hooguit 30 procent van de mensen die fulltime betaald krijgen, ook werkelijk fulltime werkt.

Parttimers zijn gekke henkies die voor hetzelfde werk – en vaak nog meer – de helft van het salaris krijgen. Zorg gewoon dat je handiger wordt en je baas leert ontlopen.

Zet een paar extra planten op je werk om je af en toe achter te verschuilen en je bent er al. Of zeg dat je vandaag maar drie uur kunt werken omdat je naar een scrummaster-cursus moet – werkt bij mij al een jaar. Iedereen een fulltimecontract!

En zeg eens wat vaker 'nee' tegen je baas! Je hoeft toch niet alles te slikken op je werk? Ja, misschien in Amerika, waar ze nog in de jaren dertig van de vorige eeuw leven qua arbeidsomstandigheden. Maar hier, op onze overspannen arbeidsmarkt?

Word lid van een vakbond of ga bij de ondernemingsraad. Of beter nog: ga wérken bij een vakbond of in de politiek en zet je in voor mensen die écht worden uitgebuit – de bagageslepers op Schiphol, de mensen in de pakketsorteercentra of in de tuinbouw – in plaats van te gaan mekkeren in de anti-work movement.

Ga sowieso eens wat minder mekkeren, dat zou ook heel fijn zijn. Laatst nog, op Twitter. Zag ik iemand klagen dat het door tijdelijke werkzaamheden drie uur kost om in Groningen te komen.

Dan denk ik: joh, wat een gehuil. In de jaren negentig liépen we naar Groningen met 100 kilo aardappelen onder onze jas. Als we er waren, konden we weer terug – daar dacht je niet bij na.

Ik las over mensen van de anti-work movement die gestopt waren met hun werk en coach waren geworden. Iets met ademwerk. Echt?

Vind je bullshitbanen stom en dan word je coach?! Daar moest ik heel hard om lachen. Als we érgens geen behoefte aan hebben, is het aan nóg meer coaches in Nederland.

Ga liever wat nuttigs met je tijd doen. Overal zijn tekorten. Klassen zonder docenten. Treinen die niet kunnen rijden zonder verkeersleiders, ouderen die dagen niet kunnen worden gedoucht – en dan ga jij zeuren dat je te weinig tijd hebt om lattes te drinken met je vrienden en existentiele romans te lezen? Ga je schamen, stelletje snowflakes.

Als je gewoon aan het werk gaat, heb je geen tijd voor de anti-work movement.

DE TESLA GAAT AAN Z'N EIGEN SUCCES TEN ONDER

We moeten het eens even over de Tesla hebben. Dat had ik natuurlijk al veel eerder moeten doen. Misschien zelfs al in 2012, toen hij op de markt kwam, maar ik dacht steeds: dit loopt wel los.

Want in die tijd kostte een Tesla nog 130.000 euro en reed alleen de elite erin. Of correctie: toen reden alleen slimme, rijke patsers erin die hun statussymbool door de Nederlandse staat konden laten bekostigen omdat het een elektrische motor heeft.

Het laatste half jaar is de Tesla echter niet meer zo makkelijk te negeren. Sinds een paar jaar is er namelijk de 'goedkope' Tesla 3 – eentje van rond de 50.000 euro – die precies past in het inmiddels fors naar beneden geschroefde fiscale voordeel. Voor een paar tientjes per maand rij je er al in.

En dus heeft elke janlul er tegenwoordig een – de Tesla

is een Opel Kadett geworden. Elke overbetaalde IT'er rijdt erin. Zelfs accountmanagers met foute shirts zie ik ermee bij het stoplicht optrekken alsof ze Max zelf zijn.

Ik zag afgelopen week zelfs een Tesla met een trekhaak, godbetert. Het is inmiddels zo erg dat zelfs leuke mensen erin rijden.

Begrijp me niet verkeerd. Ik ben enorm vóór elektrisch rijden en zonder Tesla was dat nooit sexy geworden. Alles beter dan de Prius ook!

En hij kan harder dan een Porsche, die haal je er geruisloos mee in. Dat is me de 700 miljoen euro gemeenschapsgeld die de fiscale regeling tot nu toe gekost heeft meer dan waard! Geen kwaad woord over de Tesla.

Maar ja die Tesla-rijders, hè – gek word je ervan. Het zijn natuurlijk toch een beetje mensen die van mijn belastingcenten doen alsof ze heel milieubewust zijn. Echte Hollanders die, zodra de Belastingdienst ze een gaatje geeft, er pontificaal inparkeren.

Maar het ergste is nog wel dat ze er vervolgens niet stilletjes in rijden, zoals hun auto doet, maar dat je de hele dag hun slaapverwekkende verhalen over hun dierbare Tesla moet aanhoren. Toen er nog maar een paar Tesla-rijders waren, ging dat nog wel, maar nu iedereen er een heeft, is het geleuter bijkans ondraaglijk geworden.

Dat je een matras kunt bestellen dat PRECIES in je Tesla past, zodat je erin kunt kamperen! Dat je op een schermpje een knapperend haardvuur kunt projecteren terwijl je aan het laden bent!

Dat er twee haakjes in de frunk (dat is de ruimte onder de kap, zucht) zitten, waaraan je je afhaaleten kunt ophangen zodat je auto na afloop vanbinnen niet stinkt én het niet gaat schuiven!

Dat je op de camping je Tesla gewoon gratis op het stopcontact voor de caravan kunt opladen! Dat hij zo HARD gaat. 'O wacht, dat had ik al verteld. Niet dat je hard mag in Nederland, maar het is toch fijn dat het kán.' Tesla-rijders zijn zelfs bereid de slechte kanten van Elon Musk goed te praten.

En als het nou een geweldige auto wás, dan zou het nog tot daaraantoe zijn. Maar nee hè, er is altijd wat met dat ding.

Dat hij ineens REMT, als de computer op 30 kilometer afstand een eekhoorntje detecteert – en dan hangt iedereen in de airbags. Dat de deuren niet sluiten, rampzalige lak. Dat alles binnen voelt als van plastic, sterker nog, dat alles plastic ís. Dat, als je boven de 1,75 meter bent, je er amper rechtop in kunt zitten. Dat je altijd bij de verkeerde Tesla met je telefoon staat te prutsen omdat iedereen in de straat dezelfde heeft, vertelde een Tesla-rijder me.

Maar serieus: een auto die je met een app moet openmaken! Zonder stoere sleutelbos die je achteloos op tafel neerlegt in het café.

En hij heeft niet eens een dashboard! Wie wil er nou een auto zonder dashboard!? In plaats daarvan zit er een computerschermpje. Naast het stuur. Als je een raampje open wilt doen, moet je eerst 36 menuutjes doorscrollen. Alsof je auto een flexplek is.

Het ís dan ook geen auto hè, zeggen de echte autoliefhebbers in mijn vriendenkring. 'Een Tesla is een computer', hoor ik dan steeds. Als je er weer eens mee langs de kant van de weg staat – 'wat nogal vaak is' – staat zelfs de Wegenwacht (!) machteloos. 'Ze kunnen alleen vragen of je hem al hebt uitgezet en dan weer aan,' zei een Tesla-hater laatst. 'Wat net als bij je computer ook nooit helpt.' En ook dát gezeur moet ik allemaal aanhoren. Je zou er bijna niet alleen een hekel aan Tesla-rijders van krijgen, maar ook aan de Tesla zelf.

Er zit dan ook niks anders op dan keihard in te grijpen. Anders gaat de Tesla aan z'n eigen succes ten onder. Ik stel dus voor om óf Tesla's weer schandalig duur te maken, óf om de fiscale regeling ervoor te schrappen. Kennen jullie Buckler nog?

Als we niets doen, gaat de Tesla daar geruisloos achteraan.

WAT JE ALS MAN KUNT DOEN TEGEN SEKSUELE INTIMIDATIE

Ik herinner me dat John de Mol ooit zei dat hij niets had kunnen doen tegen seksuele intimidatie op zijn werkvloer. Als je nooit wat hoort, kun je niks doen, zei hij toen. Hem hadden de vrouwen in zijn bedrijf nooit wat verteld!

En dus dacht ik, misschien moet ik die taak dan maar op me nemen. En John de Mol eens uitleggen hoe het zit met seksuele intimidatie, waar het begint en wat je eraan kunt doen. Misschien ook handig voor andere mannen die het nog steeds niet helemaal snappen. Daarvoor heb ik de belangrijkste vragen en opmerkingen die ik over seksuele intimidatie kreeg even op een rijtje gezet. Komen ze:

1. Ik kan niks doen als vrouwen niks melden! Niet waar, mannen. Jullie kunnen juist álles doen tegen seksuele intimidatie. Sterker nog, jullie hebben de sleutel in handen. Het treurige feit is namelijk dat gedragscodes, trainingen sociale veiligheid en meldpunten tegen seksueel geweld niets zullen uithalen als mannen niet meehelpen en zich uitspreken tegen seksuele intimidatie. Het probleem begint in het overgrote deel van de gevallen bij mannen, maar stopt ook bij mannen. Zeg dus: wij mannen tolereren dit niet langer in ons bedrijf. Zeg het elke dag tot het stopt.

2. Waarom moeten mánnen er iets van zeggen! Omdat mannen die vrouwen kleineren niet naar vrouwen luisteren. Die respecteren vrouwen niet eens. Mij ook niet, zie ik elke dag op Twitter. Eén man maakt meer indruk dan een hele werkgroep vol vrouwen. Triest, maar waar.

Spreek je collega's, vrienden, neefjes, broers en teamgenoten dus aan als ze over de schreef gaan en jij ernaast zit. Zeg: 'Zo praten we hier niet over vrouwen.' Je denkt misschien dat het geen verschil maakt als je dat doet, maar dat doet het wél.

3. Een geintje moet kunnen. Zeker. Maar elke dag dezelfde geintjes tellen op. En de fysieke seksuele intimidatie borduurt daarop verder, als jij er niet bij bent.

4. Ik mag toch wel lachen om een grapje! Meelachen bepaalt de cultuur en maakt dat de dader zich veilig voelt, en het slachtoffer zich onveilig. Lach dus niet, maar zeg stop.

5. Je mag niet eens meer flirten! Als je het verschil niet ziet tussen flirten en een dickpic sturen, grenzen over gaan en seksueel pestgedrag, kun je misschien inderdaad beter stoppen met flirten.

6. Ze heeft het zélf uitgelokt! Euh, nee. Eigenlijk nooit, is mijn ervaring.

7. Maar ze kleedt zich sexy! Een vrouw hoeft geen decolleté tot haar navel te dragen op het werk, dat ben ik met je eens. Maar de échte waarheid is dat het niks uitmaakt wát ze draagt. Als ze een hooggesloten trui draagt, een boerka of een uniform krijgt ze de opmerking dat ze te preuts is, dat het wel wat losser kan.

8. Niet alle mannen doen dit! Niet alles gaat over jou. Word je boos over wat andere mannen vrouwen aandoen? Laat dan zien dat jij anders bent.

9. Ik schaam me voor dit soort mannen. Is nergens voor nodig. Roep ze tot de orde.

10. Mannen worden ook seksueel geïntimideerd! Zeker. Maar het overkomt vrouwen veel vaker. 61 procent van de vrouwen krijgt seksueel getinte opmerkingen te horen op het werk, tegen 18 procent van de mannen, zo blijkt uit onderzoek in opdracht van vakbond CNV. Een derde van de vrouwen krijgt met fysieke seksuele intimidatie te maken op het werk tegen 5 procent van de mannen. 1 op de 8 vrouwen is ooit verkracht, tegen 1 op de 25 mannen. Is het minder erg als het mannen overkomt? Nee. Het is even erg.

11. We hebben genoeg loketten! Die worden blijkbaar niet vertrouwd, als vrouwen zich er niet melden.

12. Een dickpic is geen reden voor ontslag! Lijkt mij wel. Dickpics zijn namelijk net muizen: als je er één ziet, weet je dat er tientallen andere zijn. Meteen de auto inleveren dus en op de taxi, voor mannen die dit ongevraagd doen. Wegwezen.

13. Ik heb een straffe waarschuwing gegeven! Als een waarschuwing binnenskamers wordt gegeven, haalt hij niets uit. Geef reprimandes in het openbaar, zodat iedereen het kan horen. Dat is meteen een goed signaal naar de slachtoffers én naar andere werknemers. Vind je het zielig voor de dader? Ongevraagd een dickpic naar een collega sturen, dát is pas zielig.

14. Ik heb ook een zoon! Vertel hem dan dat seks tegen haar wil verboden is, dat je niet ongevraagd dickpics stuurt naar vrouwen en dat 'nee', 'nee' betekent. Ga er niet van uit dat je zoon dit al weet.

15. Je bent vroeger zelf ook weleens over grenzen gegaan. Klopt, ik maakte vroeger ook weleens foute grappen, en wilde ook 'stoer' zijn. Maar ik heb mijn leven gebeterd. Dat kun jij ook!

16. Ik vermoord zo'n vent! Nee. Zeg liever tegen een vrouw die iets naars met je deelt: 'Wat goed dat je me dit vertelt' en: 'Wat heb je nodig?'

17. Ik ben geen rolmodel. Dat ben je wel. Als jij je correct gedraagt, zullen andere mannen in de organisatie ook eerder geneigd zijn dat te doen.

18. Het is gewoon stoere praat. Het is niet stoer om schuine grappen te maken, mannen uit te schelden voor homo, veel te drinken en met veel verschillende vrouwen het bed te delen. Dat idee van mannelijkheid is achterhaald.

19. Het zijn monsters die dit doen! Dat is nu juist het probleem, het zijn geen monsters maar gewoon mannen zoals jij. De buurjongen, je docent, je sportinstructeur, de regisseur, de bandleider, je collega, je neefje, je vader, de vader van een vriendinnetje – zij zijn het, die grenzen over gaan.

Afgelopen weekend viel bij mij ineens het kwartje, dat veel mannen zich misschien daarom wel zo aangevallen voelen als ze als 'mannen' aangesproken worden op dit gedrag. Omdat ze niet met monsters vergeleken willen worden.

Zeker, er zijn ook de doodenge verkrachters, de tbs'ers op verlof die met ducttape en handboeien op stap gaan om vrouwen te vinden, die hebben we er ook nog bij. Maar veel vaker is het iemand zoals jij.

Daarom moeten vrouwen altijd alert zijn, moeten we opletten wat we doen, overal. Daarom lachen we grappen weg, om geen aanstoot te geven, omdat we weten dat het altijd veel erger kan worden.

Snap je het nu, John de Mol? We hebben je nodig. Juist machtige mannen als jij. We hebben álle mannen nodig.

Waar blijven jullie?

NIET ÁLLE MANNEN ZIJN VERKRACHTERS

Ik klaag er niet over hoor. Het hoort bij mijn werk om drek over me heen te krijgen op de sociale media – blijkbaar. Maar ik moet bekennen dat ik het soms best pittig vind.

Als ik mannen aanspreek (álle mannen) om in actie te komen tegen seksuele intimidatie van vrouwen op het werk bijvoorbeeld. En hoewel de positieve reacties veruit in de meerderheid zijn, ook van mannen, dank jullie wel (!), zijn er ook genoeg waar ik nog altijd buikpijn van krijg.

Ik verwacht ze ook nooit, zeg ik eerlijk. Als ik mannen oproep er iets van te zeggen als een collega seksistische opmerkingen te verduren krijgt – wie kan daar nou tegen zijn? Te makkelijk gedacht. Want er blijken toch altijd weer een paar mannen gekrenkt.

De reactie: 'Niet alle mannen!' komt uit die groep het meest voor – als in: niet alle mannen doen aan seksuele intimidatie (wat ik ook nergens beweer). Gevolgd door: 'Dit is geen mannending, maar een van beide geslachten', 'Je toontje staat me niet aan', 'FRAMING!', 'Het is niet eerlijk om het probleem alleen maar bij mannen neer te leggen' (wat ik nooit doe) en, de ergste: 'Jij vindt misbruik van mannen blijkbaar minder erg dan misbruik van vrouwen' (mijn god).

In mijn zoektocht naar een verklaring voor dit soort reacties – niet álle mannen kunnen tegen een stootje? – komen me altijd veel mannen te hulp, op Twitter en LinkedIn. Dan schrijven ze dat het rotzakken zijn die dit soort dingen zeggen. Dat elke weldenkende man het met me eens zou moeten zijn. Dat ze mijn tips naar de OR hebben gestuurd, of naar hun leidinggevende, en dat er nu actie op wordt ondernomen (!).

En er was het inzicht van Petra Stienen waar ik veel aan had. Zij is Eerste Kamerlid voor D66 en rapporteur bij de Parlementaire Assemblee van de Raad van Europa. Ze moet een rapport opstellen over de rol van mannen in het tegengaan van geweld richting vrouwen.

Via Twitter stuurde ze me het artikel #YesAllWomen uit mei 2020 op de website van de Indiase organisatie Breakthrough, die zich beijvert voor gelijke behandeling van vrouwen en mannen. Het artikel werd geschreven door studente en vrijwilliger bij Breakthrough Vaishnavi Mohan, en het bestaat uit zes redenen waarom de reactie 'Niet alle mannen' het gesprek over seksuele intimidatie van vrouwen steeds verstoort. Ik vond het zo goed, dat ik besloot het in mijn eigen woorden te vertalen en nog wat aan te vullen met een zevende punt. Hierbij!

1. Niet alles gaat over mannen. Het gaat nu even over vrouwen. Mannenrechten zijn heel belangrijk, maar hoeven niet óveral bij gehaald te worden.

2. 'Niet alle mannen zijn zo!' Een van de ergste dingen die je tegen een vrouw kunt zeggen die over haar nare ervaringen vertelt, is dat niet alle mannen vrouwen aanranden, dat niet alle mannen verkrachters zijn. Haar ervaring is belangrijker dan jouw poging om te laten zien dat je niet zo bent. Toon liever empathie.

3. Het is geen aanval op mannen. Als je elk verhaal over seksuele intimidatie van vrouwen opvat als een aanval op álle mannen, ben je een groter onderdeel van het probleem dan je denkt. 'Er zijn ook goede mannen' zeggen, is sowieso best gek. Want wat zijn goeie mannen? Mannen die geen dickpics sturen? Mannen die niet verkrachten? Is mannelijkheid zo broos dat elke keer als een man over de schreef gaat, de rest van de geslachtsgenoten dankbaarheid, geruststelling en waardering moet worden betoond?

4. 'Niet alle mannen' zeggen, laat zien dat je vindt dat je zelf niets hoeft te doen tegen seksuele intimidatie van vrouwen en dat je er geen verantwoordelijkheid voor neemt. Terwijl het juist zo belangrijk is om zélf ook eens in de spiegel te kijken.

Heb je weleens meegedaan aan kleedkamerpraatjes? Lach je mee met seksistische grappen? (Ik heb dat weleens gedaan, geef ik toe.) Door 'niet alle mannen' te zeggen, sla je die fase helemaal over.

5. Ja, vrouwen verlenen soms seksuele gunsten om hogerop te komen. Ja, mannen worden ook verkracht, ja, er zijn ook vrouwen die mannen misbruiken. Ja, misbruik van een man is net zo erg als dat van een vrouw! Mannenrechten zijn heel belangrijk! Maar gebruik deze argumenten niet als bliksemafleider om het gesprek over de positie van vrouwen uit de weg te gaan (zie punt 1).

6. Als het seksuele intimidatie en verkrachting betreft zijn mannelijke daders in de absolute meerderheid. En hoewel jij niet zo bent (!), zijn er helaas genoeg mannen die dat wél zijn. Ontkracht dat probleem niet. Probeer onze stemmen niet te verdrinken in een poging je ego te beschermen, schrijft Vaishnavi Mohan.

7. We zijn geen mannenhaters. Als jij door mij wordt aangesproken om op te staan tegen seksuele intimidatie van vrouwen wil dat niet zeggen dat ik niet van mannen hou (zie ook punt 3).

Het stoppen van onderdrukking is belangrijk voor vrouwen én mannen. Maar als je dat elke keer moet horen als vrouwen je hulp vragen, ben je geen bondgenoot. #NotAllMen mag jouw strijdkreet zijn.
  #YesAllWomen is de onze.

THUISWERKERS? DAT ZIJN VERWENDE NESTEN

Je zou ze een schop onder hun hol verkopen – mensen die nooit meer terug willen naar kantoor. Toch hoor ik daar de laatste tijd steeds vaker over. Mensen die alleen nog maar thuis willen werken! Die weigeren naar kantoor te komen. Die tijdens de coronacrisis hebben gezien dat het kan en nu nooit meer tussen hun kletsende collega's willen zitten. Die thuiszitten. Met hun Nespresso-apparaat, gemberthee en werkkamer. En hun airfryer en badjas. Werkgevers kunnen op hun kop gaan staan, maar zij komen niet meer.

Laatst las ik in een artikel op de site van de BBC over een Amerikaanse enquête waarin de helft (!) van de ondervraagden zegt ontslag te nemen als hun werkgever hen gaat verplichten weer fulltime naar kantoor te komen. Recruiters verwachten wereldwijd een domino-effect van werkweigeraars als terugkeer naar kantoor (weer) verplicht wordt.

En niet alleen in de vs heb je dit soort aanstellers! In Nederland heb je ze ook al. Sterker nog, op m'n eigen Twitter-account! Toen ik er vroeg om tips – hoe je mensen die niet meer willen weer terugkrijgt naar kantoor – kreeg ik ineens allemaal reacties van mensen die niet eens meer drie dagen per week willen komen, maar NOOIT meer terug willen naar de kantoortuin.

De een is naar Drenthe verhuisd en dan is de Randstad toch ineens wel heel ver. De ander is toch wel moe na 'een hele dag prikkels'. Een derde heeft geen zin meer om in de file te staan. Er zijn er die na corona best zin hadden om weer terug te gaan, maar er nu achter komen 'dat het toch best tegenvalt'.

'Ik denk dat je een deel van de medewerkers nooit meer naar kantoor krijgt, niet eens één dag!' schreef er eentje doodleuk. 'Bij ons gaat niemand,' schreef een ander. 'Ze proberen al mensen met gebak naar kantoor te lokken,' maar 'op het "Welcome back to office"-festival kon je een kogel afschieten'. 'Ik vind het zonde van m'n tijd om zo'n hele dag te gaan,' schreef een derde.

'Mijn god wat haat ik die verwende nesten,' verzuchtte een directeur laatst op WhatsApp. En gelijk heeft ze. Want zeker, ik ben zelf ook met geen paard meer naar kantoor te krijgen. Maar ik had van de rest van Nederland toch wat meer ruggengraat verwacht.

Wat me nog het meest verbaast: hoe snel het gegaan

is. Nog maar een paar jaar geleden sjokten ze nog gedwee met hun rolkoffer door de kantoortuin op zoek naar een plekje en kon je ze nog rondkoeioneren. Nu hebben ze ineens kapsones gekregen. 'Ik ga niet naar kantoor als ik, om me daar te kunnen concentreren, met een koptelefoon op mijn kop moet gaan zitten,' schreef er een.

En de eisen die ze stellen! On-ge-hoord. Willen ze ineens weten waaróm ze naar kantoor zouden komen. Daar hoorde je vroeger nooit iemand over. Zeggen dat kantoor beter is voor 'de verbinding' is niet meer genoeg. Dan willen ze weten wélke verbinding, en wat verbinding überhaupt is. Stelletje aanstellers.

'Ik ga pas weer naar kantoor als die fakkin kantoortuinen weg zijn,' schreef er een. De brutaliteit! *What's next?* Dat de flexplekken worden afgeschaft? Straks willen ze ook nog frisse lucht, goeie koffie, goeie wifi, een cao, geen onnodige vergaderingen en heisessies meer en gegarandeerd een plek op kantoor als ze komen. Werkgevers blijven aan de gang.

En vragen wat ze nodig hebben om goed te kunnen werken en daar vervolgens niks mee doen helpt ook al niet meer. Dat doorzien ze meteen.

Maar ja, ze kunnen het maken hè, in de huidige arbeidsmarkt. Er wordt gevochten om personeel. Dat weten ze. Er zijn al bedrijven waar mensen zelf mogen weten of ze op kantoor werken of thuis. Het is toch om te huilen.

Denk je dat ons land groot is geworden omdat werknemers het allemaal zelf mochten weten? Nou dan. Je zou bijna hopen op een crisis.

Een vriend probeerde me gerust te stellen. 'Mensen die echt niet willen krijgen vanzelf een probleem. Die krijgen geen promotie meer.' Werkgevers die het prima vinden dat je thuiswerkt, schreef een twitteraar. 'Daar zou ik me pas echt zorgen om maken.' Maar ik geloof hen niet. Straks zit er niemand meer op kantoor en staat er niemand meer in de file!

Je moet er toch niet aan denken.

Maar het irritantste van de thuiswerkers is dat ze zulke goede argumenten hebben. Dat ze thuis beter werk leveren dan op kantoor. Nodeloze *teamcalls* die je weg kunt drukken, minder afleiding en meer controle over aan wie je je kostbare tijd besteedt. Geen last meer van je baas die zich de hele tijd loopt te profileren. Gehandicapten en mensen met een kwetsbare gezondheid die (weer) mee kunnen doen. Geen collega's die eindeloos vertellen over hun vakantie op de Veluwe (elektrische fietsen!). Geen stand-ups, planningpoker en backlogs meer.

Waarom zou ik terugkomen, schreef er een. 'Ik ben thuis productiever, heb betere middelen en als ik naar kantoor ga heb ik (zonder file) 1,5 uur reistijd, enkele reis.'

Dat is het gekmakendste van al die thuiswerkprinsjes

en -prinsesjes. Je staat met je mond vol tanden. Dat is het ergste aan die labbekakken.

Ze hebben gewoon gelijk.

HALLO WERKGEVERS, ZO KRIJG JE AL JE THUISWERKERS WEER TERUG NAAR KANTOOR

In het vorige hoofdstuk schreef ik over de verwende nesten die niet meer terug willen naar kantoor en lekker willen blijven thuiswerken.

Omdat ze thuis beter werken, niet meer in de file willen staan, op kantoor gek worden van de prikkels. En omdat het zeurpieten zijn, dat ook natuurlijk. Ze kunnen het maken omdat er om ze wordt gevochten op de krappe arbeidsmarkt.

Elon Musk heeft geen geduld met ze. De topman van Tesla stuurde ooit een mail naar zijn managers dat iedereen die niet minstens veertig uur per week naar kantoor komt ontslagen wordt.

Ik vond het sneu voor Musk. Maar ook voor al die andere CEO's die schuimbekkend moeten toezien hoe hun innovatieve, dynamische, co-creatie-kantoorcultuur wordt gesaboteerd door een stelletje verwende uitvreters.

En dus dacht ik: laat ik alle CEO's die worstelen met al die luxepaard-thuiswerkers eens wat tips geven. Hoe je je personeel weer terugkrijgt naar kantoor én hoe je ervoor zorgt dat ze niet naar de concurrent rennen.

1. Stop allereerst met dreigen en eisen. Dat is zo 2017. Daar kun je in 2022 écht niet meer mee aankomen.

2. Kijk liever in de spiegel. En wees dan eerlijk. Is jouw kantoor nou écht zo geweldig? Zijn er bijvoorbeeld genoeg bureaus? Of moeten ze op dinsdagen en donderdagen op de gang zitten? Kunnen ze er rustig werken en is er voldoende vergaderruimte? Of moeten ze, deels 'hybride', op grote schermen in de kantoortuin door elkaar schreeuwen, 'kill me now', zoals een twitteraar schreef.

En, gewetensvraagje: ben jijzelf leuk genoeg? Voor een leuke baas komt toch iedereen graag naar kantoor?

3. O wacht, heb je nog een kantoortuin?! Haha, echt? Vind je het gek dat ze niet meer komen. Geef ze gewoon een eigen bureau! 'Ik zou oprecht mijn rechterarm (of althans, een paar vingers op z'n minst) geven voor een vast bureau,' schreef een kantoortijger. 'Meer hoeft niet eens, echt niet.' Kijk, zo eenvoudig kan het zijn.

4. Nog eenvoudiger: schaf de kantoortuin af! Kom op zeg. Mensen worden er ziek, ongelukkig en leveren er slechter werk – lees je vakliteratuur eens. Of ga er anders zélf zitten, als je het zo'n goed idee vindt.

5. Kom niet aan met 'thuiswerken is geen recht'. Tuurlijk is thuiswerken geen recht. Maar een aantal uur per dag ongestoord kunnen werken is dat wél.

6. Stop met thuiswerkers 'werkweigeraars' te noemen. Het zijn geen werkweigeraars, maar 'locatieweigeraars', zoals een twitteraar schreef. En als jouw locatie niet deugt, dan komen ze niet. Zo makkelijk is het.

7. Leg uit waarom je ze terug wilt op kantoor. En kom dan met concrete argumenten, niet met een vaag verhaal over 'verbinding' of dat er zoveel goede ideeën ontstaan op kantoor. Er ontstaan namelijk ook een hoop slechte.

8. Verleid ze terug te komen. Zorg dat er goede koffie is. En parkeerplaatsen. Zet ijskarren neer. Haringkarren, barista's, chocoladefonteinen en champagnetorens. Bied ze een huis aan om de hoek van kantoor. Laat ze anders wónen op kantoor – meteen de woningnood opgelost. Ga met de hele afdeling met een roos tussen de tanden zingend voor hun raam staan.

9. Maak thuiswerken onaantrekkelijker. Koop de panden naast verstokte thuiswerkers en ga flink boren, zagen en verbouwen. Bouw scholen en kinderopvang in hun tuin. Ga hun straten opbreken, zet bouwvakkers met grote gettoblasters voor hun deuren. Komen ze gegarandeerd terug naar kantoor.

10. Of haal ze op! Die verwende krengen. Gewoon met de hele afdeling in een busje om half acht op de stoep staan. Dat mag uiteraard over de vluchtstrook – nooit meer in de file. Dat kan ik wel regelen met de KLPD.

11. Geef ze extra salaris en vakantiedagen. Een voetenstoof, jacuzzi en een persoonlijke butler op kantoor. Rode lopers. Een twitteraar schreef dat hij laatst een recruiter aan de lijn had gekregen die vroeg of hij een lager uurtarief zou accepteren als hij niet naar kantoor hoefde. 'Een lager tarief? Ze zouden me een HOGER tarief moeten bieden,' schreef hij. 'Ik kost geen koffie, geen werkplek, geen elektriciteit en geen water. Heb opgehangen.'

12. Laat zien wat ze missen als ze thuisblijven. Post alleen maar leuke foto's en romantische kantoorverhalen op het intranet. Samen behaalde prestaties met epische muziek eronder, grote orders die in slow motion worden binnengehaald, collega's die op elkaars schouders worden gehesen. 'Speel in op hun FOMO,' schreef een vriend.

13. Stop met 'terug naar kantoor-festivals'. Mensen werken thuis voor hun rust. Niet voor confetti, 'taartmomenten' of 'individuele zakjes chips', zoals een werkgever schreef. Haha, individuele zakjes chips. Laat ze toch lekker thuis, die zuurpruimen. O ja, en een redelijk salaris, erkenning, genoeg personeel, promotiekansen en naar je personeel LUISTEREN wil ook nog weleens helpen. Is maar een idee.

14. Maar het beste werkt, denk ik: speel in op hun gemoed. Zeg dat ze het niet voor zichzelf doen, maar voor de ánder op kantoor. Dat de collega's niet zonder hen kunnen. Afgelopen week twitterde een collega: 'We missen Japke op kantoor.'

Ik zat al bijna in m'n Tesla.

WAT ZEG JE TEGEN IEMAND VAN ZEVENTIEN DIE NET Z'N DIPLOMA HEEFT GEHAALD?

Als jullie denken: wat klinkt ze schor, dan kan dat kloppen. Want m'n dochter is afgelopen zomer geslaagd voor het vwo en daar ben ik nog steeds niet overheen.

Ik voel me goed hoor, supertrots! Maar ook hopeloos nostalgisch en doodsbang. Supertrots op die grappige, knappe, slimme vrouw die achttien jaar geleden nog een 50 centimeter lange keutel was. Hopeloos nostalgisch als ik denk aan de tijd dat ze zingend voorop m'n fiets zat tussen de boodschappentassen. En doodsbang om wat er van haar moet worden.

Dat voel ik bij al die jonkies die geslaagd zijn. Wat hebben we die meisjes en jongens te bieden? In wat voor wereld komen ze terecht? Meer dan dertig (!) jaar na mijn eigen *summer of love* is de wereld een stuk donkerder geworden.

Gelukkig kreeg ik hulp, toen ik op Twitter vroeg om advies voor de nieuwe generatie. Ik heb alles maar even op een rijtje gezet. Misschien nog wel meer voor de ouders dan voor de jonkies, maar wie weet lezen ze het stiekem op hun telefoon als ze wakker worden met de zoveelste kater. Je moet érgens beginnen.

1. Allereerst: gefeliciteerd, we zijn zo trots op jullie. Maar echt. Want wij hadden nog goed onderwijs, een glanzende wereld en het Nederlands Elftal dat net Europees Kampioen was geworden; jullie kregen twaalf jaar Rutte, corona en een klimaatcrisis. Wees trots op jezelf, dat dit jou, ondanks al die ellende, gelukt is. Geniet van de langste vakantie die je ooit zult hebben.

2. Neem een tussenjaar. Stel het moment dat je moet gaan werken, studeren of anderszins iets met je leven moet gaan doen zo lang mogelijk uit.

Ga studeren in Groningen. Niet eens zozeer om de vakkennis die je zult opdoen. Of het curriculum. Maar om de mensen die je er zult ontmoeten. Vrienden maken. Dit zijn de mensen met wie je je leven zult delen. Hier haal je de komende twintig, dertig, veertig jaar alles vandaan wat je nodig hebt. Deze mensen staan je bij in vreugde en verdriet. En ja, Groningen, dat lijkt me duidelijk. De mooiste stad van het land. Duh.

3. Niets ligt vast. Een keuze is geen levenslang. Niks gaat zoals jij het had bedacht. Je kunt op elk moment wat anders gaan doen. Niemand weet op z'n achttiende wat zij of hij wil worden. Of nou ja, behalve accountants en artsen dan.

4. Neem kritiek niet persoonlijk, maar luister ernaar en leer ervan. Zeg niet meteen 'ja maar'. Voor velen van jullie zal het straks voor het eerst zijn dat je écht tegengas krijgt. Tuurlijk, 'je mag er zijn' en daar ga je ook mee door. Maar je krijgt geen omelet zonder eieren te breken.

5. Leer je band plakken, koken en schoonmaken. Bespaar geld om te kunnen reizen. Haal je rijbewijs. Zorg dat je financieel onafhankelijk wordt. Investeren in een studie loont.

6. 'Minder blowen is ook oké,' schreef een twitteraar. Haha, zo is het. Minder drinken ook. Roken is ook niet slim. Wat ook kan: af en toe in de kroeg net doen of je straalbezopen bent. Niemand die het merkt en jij bent de volgende dag lekker fris. Scheelt ook een hoop geld. Smeer zonnebrand en googel 'Mary Schmich, Baz Luhrmann en sunscreen'.

7. Wees aardig. Iedereen die je de komende zes jaar ontmoet, kom je de volgende twintig jaar op allerlei cruciale plekken tegen. Ja, ook als baas. Helaas.

8. Stel carrière maken zo lang mogelijk uit. Zorg dat je niet al op je dertigste je hoogtepunt hebt gehad – laatbloeiers hebben de toekomst. In een Toyota Corolla kom je net zo ver als in een Tesla. Je hoeft niet altijd naar de top – in het dal is het veel gezelliger en halverwege heb je ook al een prachtig uitzicht.

9. Geniet van een kop koffie. Van een volle tafel met lachende vrienden. Van de regen in mei, de bomen in oktober, van een zonnestraal tussen de wolken. Geniet van de kleine dingen die stiekem de grote dingen zijn.

10. Ga naar buiten. Ga naar college. Ga naar de kroeg. Ga naar de schouwburg. Naar de opera. Naar het toneel. Lees een boek, zet je telefoon uit en hoop en bid dat als corona terugkomt, het niet voor eeuwig zal zijn.

11. 'Geniet van kalverliefdes,' schreef een twitteraar, 'want misschien word je wel nooit meer zo verliefd.' Je hart zal nog ontelbare malen gebroken worden.

12. Maar de belangrijkste tip is natuurlijk: tips werken niet. Deze dus ook niet, sorry jongens. Wat je hooguit kunt doen is luisteren naar mensen die je respecteert, mensen die vaak twijfelen (want die zijn het slimst) en mensen die je blijven bellen, ook als het slecht met je gaat.

Heb zelfspot. Blijf zoeken naar mensen bij wie je je goed voelt. Iedereen doet maar wat. Iedereen is onzeker. Leuk werk met leuke collega's is het mooiste wat er is.

13. Beloof me dat je nooit volwassen wordt.

AMBTENAREN VERZINNEN VAN ALLES OM MAAR NIET TE HOEVEN WERKEN

Je hoort weleens dat ambtenaren stoffig zijn, niet grappig en weinig creatief. Maar ik vind ze juist ontzettend sappig, creatief en grappig. Als je ziet wat ze allemaal verzinnen om onder hun werk uit te komen – daar kan de rest van de samenleving nog veel van leren.

Laatst nog, in een Kamerbrief over de stikstofcrisis. Daarin stonden in één alinea een 'taskforce', een 'regieorgaan', een 'Kwartiermaker' en een 'innovatiegezant' die samen de oplossing van de crisis nog even gaan uitstellen.

Ik snap die ambtenaren wel. De problemen zijn immens: het Toeslagenschandaal, de stikstofcrisis, de compensatie in het aardbevingsgebied, de wachtlijsten in de ggz, de vastgelopen woningmarkt, de coronacrisis – dan is het ook wel een beetje te verwachten dat mensen niet gaan oplossen, maar uitstellen.

En dus dacht ik: laat ik de creatiefste manieren om je

snor te drukken eens op een rijtje zetten. Daar hebben we allemaal wat aan. Want ook als je geen ambtenaar bent, kun je af en toe best wat vertragingstactieken gebruiken op je werk. Ja toch? Komen ze:

1. Richt een platform op. Is altijd goed en klinkt hartstikke daadkrachtig. Terwijl je niets hoeft te doen! Je geeft een borrel bij de opening en klaar ben je. Daarna kun je het platform langzaam laten wegzinken in de vergetelheid.

En er is veel keuze: een innovatieplatform. Een *burning* platform (met urgente thema's!), een online platform, een sociaal platform. Gratis tip: zorg bij de opening voor een convenant dat getekend kan worden voor daadkrachtige foto's! En aan convenanten hoeft niemand zich te houden!

2. Benoem een taskforce, een denktank, een visiegroep, een regiegroep of een stuurgroep. Die 'drempels kan wegnemen', 'een oplossingsrichting kan formuleren' of een actieplan, raamplan of visieplan kan schrijven. Dat betekent in gewonemensentaal dat ze vaak gaan vergaderen en lunchen, én dat ze dat allemaal kunnen declareren.

3. Stel een 'regieorgaan' in. Haha! Een regieorgaan! Dat we daar niet eerder op gekomen zijn. Dus geen directie die de leiding neemt, een minister, staatssecretaris of directeur-generaal (die daarvoor betaald worden), maar een regieorgaan, dat zich 'richt op het organiseren, ondersteunen en evalueren van pilots', zoals de taak luidt van het regieorgaan voor de stikstofcrisis. Dan weet je dat er niks gaat veranderen, én dat het weer extra geld gaat kosten. Win-win.

4. Benoem een 'gezant'. Daar zijn er inmiddels al behoorlijk wat van. Zo was er de 'speciaal gezant' voor de coronacrisis, is er een 'innovatiegezant' voor de stikstofcrisis, een 'klimaatgezant' (het klimaat heeft blijkbaar geen speciale gezant nodig), heeft Eindhoven al een 'stadsgezant' en wordt er een 'speciaal gezant' voor de Toeslagenaffaire benoemd. En dan maar hopen dat de gewone gezanten geen ruzie krijgen met de speciale of die voor de steden.

5. Maar je kunt ook 'nationale en speciale coördinatoren' benoemen als je als minister geen zin hebt om aan het werk te gaan. Zo benoemde energieminister Rob Jetten laatst een 'speciaal coördinator' om de problemen met het hoogspanningsnet in Brabant en Limburg op te lossen en kwam Wopke Hoekstra aan met Stef Blok als coördinator voor de sancties tegen Rusland.

Die is overigens alweer afgezwaaid. Zijn conclusie? Dat de 'coördinatie en de communicatie rond de naleving van de sancties een stuk beter moet'. Wow. Mooi werk, Stef!

6. Formeer een nationaal crisisteam. Zoals ooit gebeurde voor de opvang van vluchtelingen. Let op: dat team komt boven op het Centraal Orgaan opvang asielzoekers dat betaald wordt om die opvang te regelen, én boven op het Nationaal CrisisCentrum (NCC) dat 'de besluitvorming ondersteunt bij een (dreigende) crisis'. Weer een extra laagje dus. Mooi toch?

7. Formuleer 'handvatten' of zet 'verbetertrajecten' in waarmee 'slagen gemaakt kunnen worden'. Geen idee wat dat is, maar daarvoor kun je wel weer een aantal goedbetaalde 'mariniers', 'makelaars', 'aanjagers' en 'verkenners' vragen die 'ideeën ophalen' die eerder zijn 'uitgevraagd'. Zorg wel dat er ook een paar themaregisseurs bij zitten, en dat het hele zwikkie 'multidisciplinair' is. Anders heeft het weinig zin.

8. Organiseer een 'versnellingstafel'. Weer een nieuw synoniem voor nodeloos geklets. Als er mensen beginnen te morren dat er niks gebeurt, kun je een 'doorzettingsmacht' of een 'regionale doorzettingsmacht' benoemen.

9. Maar wat áltijd kan? Een kwartiermaker natuurlijk! Er komt er nu ook eentje voor de stikstofcrisis, zo las ik in de Kamerbrief. Hij krijgt daarin zelfs een hoofdletter, zo belangrijk istie! Let daarbij wel op de juiste volgorde, namelijk eerst De Kwartiermaker, dan het regieorgaan, en pas dáárna de innovatiegezant. Anders loopt de stikstofcrisis vast. Of wacht, dat is al gebeurd.

Gelukkig heeft Stef Blok weer tijd!

MILLENNIALS OP JE WERK? PAS DAN OP MET GRAPJES

Twintig jaar geleden zette je een vacature op een website en dan kwamen er vanzelf hordes jonge mensen op af. Tegenwoordig mag je al blij zijn als er één verdwaalde millennial reageert op drieënzestig pogingen, en dat die niet na twee jaar alweer weg is naar zijn volgende baan.

Ja. Er zijn veertigers en vijftigers genoeg op het werk – een jonge collega noemde ze laatst 'kantoorboomers' (ouwe zakken). En zonder hen zou Nederland tot stilstand komen. Maar zonder jongere mensen kunnen we over tien jaar overál in het land het licht uitdoen.

En dus leek het me goed eens op een rijtje te zetten hoe je als 'ervaren senior' het beste met juniors kunt omgaan op je werk. Zodat ze komen én blijven. Zodat jij misschien ook ooit met pensioen kunt. Schrijven jullie allemaal even mee?

1. Realiseer je allereerst dat we niet zonder de jonkies kunnen. Maar echt. Dat klinkt nu hysterisch. Dat er over vijftien jaar niemand meer is om je rijbewijs te verlengen, een vaccin te ontwikkelen, je wc te repareren en je vader te reanimeren, maar geloof me, die tijd komt. Bekijk de bevolkingspiramide van het CBS en je weet: jongeren worden schaars. Elke baby op je werk is er één.

2. Wees dus dankbaar en gelukkig met elke nozem beneden de dertig op je werk. Nederigheid, lieve mensen. Geef jongeren het gevoel dat ze welkom zijn. Koester hun jeugd, hun energie, hun kledingkeuze, dat ze nog iets willen met hun leven en überhaupt nog weleens iets beleven – ze houden je jong.

3. Ja, het zijn watjes. En ze zijn snel overspannen. Maar dat was je zelf ook toen je dertig was en nog geen idee had. En jij hebt nog een 'zoek het lekker zelf uit'-opvoeding gehad.

De jongste lichting heeft curling-ouders. Die elk oneffenheidje voor ze wegnemen. Die met hun baas bellen als ze ziek zijn. Die hun scheenbeschermers inpakken als ze voetbaltraining hebben. Die nog steeds hun brood smeren én komen nabrengen als ze het vergeten zijn, want ja, ze wonen nog thuis omdat er geen huis voor hen is. Een beetje respect dus graag, voor de generatie die nooit leerde zélf haar problemen op te lossen. De wortel werkt beter dan de stok.

4. Ze zuipen, kotsen en roken niet meer. Klopt. Maar dat is niet saai, dat is slim. Prijs ze dus liever, als ze vroeg weggaan van de vrijmibo, in plaats van ze uit te lachen. Ze leven langer en dat is broodnodig voor de toekomst van dit land. Wat ik wel zorgelijk vind: ontspannen kunnen ze niet meer. Leer hun dat dus. Dat je daar geen pilletje voor hoeft te slikken.

Leer ze mijmeren, leer ze lummelen, leer ze overdag een dutje doen, leer ze wie Van Kooten en De Bie zijn en leer ze dat niet alles bloedserieus en 'zelfontwikkeling' is. Daar hebben ze iets aan. Hun toekomst is immers een stuk somberder dan de jouwe.

5. De meeste jonge mensen hebben tijdens corona geen collega gezien. Ze hebben dus amper een netwerk, hebben van niemand de kunst kunnen afkijken en weten dus ook niet wat 'normale productiviteit' is. Leer hun dat.

Leer hun dus spellen, met kritiek omgaan, verantwoordelijkheid nemen en breng ze plichtsbesef bij – je bent kantoorboomer of je bent het niet.

6. Ja, ze zijn 'woke'. En ze slaan soms door. En? Dat is de nieuwe tijd. Wen er maar aan. Over tien jaar zijn al die zeikerds je baas.

Besef dat je zelf een dinosaurus bent. Heeft allemaal niks met jong van geest te maken, als je weet hoe een inbelmodem klonk, kom je gewoon van een andere planeet, klaar. Vind je dat je heel wat voorstelt? Met je leaseauto, je koophuis en je 'vakkennis'? Realiseer je hoeveel jaar ouder je bent en tel die jaren bij je eigen leeftijd op. Ben je tweeenvijftig en zijn zij tweeëntwintig? Dan zien ze jou dus zoals jij een tweeëntachtigjarige ziet, haha. Echt!

7. Herinner je hoe je vroeger zélf tegen oudere collega's aankeek. Zat je toen ook geregeld te gapen om hun suffe grapjes? Lachte je hen toen ook geregeld achter hun rug uit – zo denken ze ook over jou.

Dat betekent ook dat ze een stuk beter weten hoe techniek werkt dan jij, dat jouw kennis over Twitter, PowerPoint of tv-shows uit de jaren tachtig totaal geen indruk op ze maakt, en dat jouw geintje alleen voor jou een geintje is. Dat is niet omdat ze niet tegen een geintje kunnen, maar omdat ze het gewoon niet snappen.

8. Pas sowieso op met geintjes. Slechte grappen accepteren ze niet meer. Hoe precairder het onderwerp – #metoo, gender, discriminatie – hoe beter de grap moet zijn. Boomers die roepen dat je 'tegenwoordig niks meer mag zeggen', hebben gewoon slechte humor – denk Johan Derksen. Ga dus niet lopen klagen over hun gebrek aan ironie, maar doe gewoon eens wat beter je best.

9. O, dat zou ik bijna vergeten: generaties bestaan niet, en generaliseren en karikaturen helpen niemand. Ieder mens is anders, collega's van tweeënvijftig kunnen kinderachtiger zijn dan dertigers (duh) en jongeren van twintig kunnen al boomers zijn – denk aan de jongerenafdeling van het CDA.

Wat ik bedoel: je bent pas écht verloren als je alle jongeren als een groot geheel gaat zien waar je niks meer van begrijpt. Tenzij alle vrouwen echt van Venus komen, alle ambtenaren lui zijn, alle Fransen chagrijnig zijn en alle IT'ers een Tesla rijden. Dan heb ik niks gezegd.

Jullie komen er verder wel uit hè?

HOE GA JE OM MET KANTOORBOOMERS? 14 TIPS

In het vorige hoofdstuk schreef ik hoe je als 'kantoorboomer' (ouwe zak) het beste kunt omgaan met jonge collega's. Nou, dat heb ik geweten. Iedereen boos. Woe-den-de reacties op Twitter en LinkedIn.

Van millennials die beledigd waren omdat ze over één kam geschoren werden met de generatie X, Y en de Z'tjes; van zestigers die mij even kwamen uitleggen dat boomers OUDER ZIJN DAN VIJFENZEVENTIG EN DUS ALLANG VERDWENEN ZIJN VAN DE WERKVLOER en van twintigers die niet voor millennial uitgescholden wilden worden. Man, man, man. Generatieproblemen zijn blijkbaar nogal precair op het werk. En dat terwijl generaties niet eens bestaan, en de verschillen binnen generaties groter zijn dan die ertussen!

Des te meer reden, leek mij, om ook eens de andere kant van het verhaal te laten zien en wat tips te geven hoe je als jonkie het beste met oudere collega's kunt omgaan. Met de 'kantoorboomers'.

En nee, die zijn dus niet boven de vijfenzeventig – het woord 'boomer' wordt tegenwoordig ook overdrachtelijk gebruikt. Meestal voor vijftigers en zestigers, maar soms zelfs voor veertigers, twintigers en dertigers – voor iedereen die zichzelf heel serieus en verstandig vindt. De mensen die dat nog niet wisten, hoeven deze tips niet te lezen. Want het gaat over jullie, haha. Echt. Komen ze:

1. Ja, kantoorboomers zijn langzaam, zeg maar gerust traag. Traag in het aanleren van nieuwe dingen, traag met digitaliseren, traag in hun verhalen, breedsprakig ook, zo hoorde ik toen ik er een aantal jonge collega's naar vroeg.

Erger je daar niet aan, maar leer ervan. Want traag zijn is hartstikke slim – het voorkomt burn-outs. Lach boomers dus niet uit als ze een dutje doen, maar ga er lekker naast zitten tukken – hartstikke goed voor je brein. Dutten is het nieuwe mindful!

2. Neem ze mee naar de kroeg. Gooi er wijn in. Dan worden ze week. Zeker als je vervolgens over hun gesjeesde kinderen begint, over Bob Dylan, de Stones, Bruce Springsteen of een andere held uit de prehistorie. Daarna kun je elk idee of lastige kwestie doordrukken – ze hebben dan geen enkele weerstand meer.

3. Vijftigers zijn het makkelijkst te manipuleren. Die hebben het het zwaarst. Niet alleen op het werk, ook in het leven. Ze hebben namelijk vaak nog hoogbejaarde ouders voor wie ze moeten zorgen, de fut is uit hun relatie, ze hebben pubers thuis die hen haten, studerende kinderen, betonblokhypotheken, en hun baas is een millennial. Als je ze wat aandacht geeft, bloeien ze op als bloemen in een woestijn na regenval. Maak daar misbruik van.

4. Want het loont om bij vijftigers te slijmen. Ze hebben een groot netwerk; ze kennen de baas nog uit de kroeg. Als je aardig voor ze bent, helpen ze je graag – ze hoeven zelf niks meer te bereiken.

Hoe je het beste kunt slijmen?

Zeg bijvoorbeeld dat je gehoord hebt dat ze vroeger in een band hebben gespeeld, of dat ze een ruig studentenleven hebben geleid – niets zo triest als boomers die vertellen over hun studentenleven, maar het werkt.

Je kunt ook vragen naar campingtips in Frankrijk. Of: 'Goh, hoe deden jullie dat vroeger zonder mail? Een fax? *Ren je Rot*? *Stuif es in*? Vertel daar eens wat over!'

5. Zeg sowieso altijd 'goedemorgen' en 'tot ziens' tegen kantoorboomers en reageer op hun mails. Schrijf 'leuk, doen we!' of 'komt voor elkaar!' – dan fleuren ze helemaal op. Controleer wel alles wat je schrijft op taalfouten. En o ja, interpunctie – dat is iets met hoofdletters en punten. Superouderwets. Maar anders nemen ze je niet serieus.

6. Ze nemen je sowieso niet serieus. Hang dus een briefje boven je bureau met daarop: 'Nee, ik ben geen stagiair, ik werk hier al vier jaar', 'Nee, ik woon niet meer bij mijn ouders', 'Nee, ik ben geen single', en 'Ja, ik wil ook weleens een compliment over mijn werk in plaats van over mijn uiterlijk'. Dat helpt.

7. Zeg af en toe dat je in het weekend na twee biertjes al naar bed bent gegaan. Ook al zat je na twintig bier, twee tanks lachgas en een half uur slaap zo fris als een hoentje om negen uur op kantoor – dan voelen ze zich niet zo oud. Zeg ook geen 'u', maar 'jij' en vraag nooit wanneer ze met pensioen gaan. Dat is nodeloos grievend.

Lach hen niet uit als ze helemaal losgaan op het personeelsfeest – het is waarschijnlijk hun enige uitje in het jaar.

8. Als ze over hun pensioen beginnen ('ik moet nog zeven jaar'), vraag dan wat een pensioen is, en zeg dat je dat zelf niet hebt. Als ze dan nóg doorgaan, zeg dan dat je weg moet om iets te printen. Printen is heilig voor ze.

9. Erger je er niet aan dat ze alles uitprinten. Mails, memo's, PowerPoints, WhatsApp-gesprekken in de groepsapp.

Dat heeft geen zin. Geef ze liever een plastic mapje. Dan denken ze dat ze overzicht hebben. Laat ze in die waan.

10. Probeer je überhaupt niet te veel te ergeren. Ja, ze hebben de planeet verpest met hun BBQ's en vliegvakanties, en ja, ze konden in 1999 nog een huis kopen met een paar gulden in een oude sok. Maar hun dat verwijten, brengt je niets verder.

11. Begin er nooit over dat al hun voorbeelden en vrienden witte mensen van hun leeftijd of ouder zijn en dat ze op hun plek zitten dankzij hun goede opleidingen, koophuizen en Nederlandse achtergrond. Ze vinden namelijk allemaal dat ze keihard hebben moeten knokken voor hun plek. Dat vindt namelijk iedereen, dat vindt Amalia zelfs.

12. Heb (wat) coulance met 'bepaalde' witte mannen boven de vijfenvijftig die niet doorhebben dat de wereld veranderd is toen zij even niet opletten. Seksuele intimidatie en badinerende grapjes hoef je uiteraard niet te pikken, maar discussies 'dat je niks meer mag zeggen tegenwoordig' – laat het gaan. Hun tijd is geweest. Dat weten zij niet, maar jij wel.

13. Praat niet te veel over veganisme, vaginisme, menstruatie, het drinken van moedermelk en het eten van placenta's, zeker niet tijdens de lunch. Ik heb dit uit de hand zien lopen. Doe dat lekker binnen je eigen generatie. Niet alles hoeft te worden gedeeld.

14. Besef dat je een kleuter bent. Trek het aantal jaren dat jij jonger bent van je eigen leeftijd af. Ben jij tweeëndertig en zijn zij tweeënvijftig? Dan zien ze jou dus zoals jij een twaalfjarige ziet. Echt? Ja echt.

Weet dat er een moment zal komen dat jij ook zo wordt als zij. En dat als je niet oppast, je al zo bent.

Uithuilen kun je bij je generatiegenoten.

KRAPTE OP DE ARBEIDSMARKT? ONTSLA JE 'HR'-AFDELING

Werkgevers vragen me vaak om tips, hoe ze op de huidige krappe arbeidsmarkt nog personeel kunnen vinden. Maar fijne gesprekken worden dat zelden. Want ik denk dat het probleem voor een groot deel bij henzelf ligt.

Tuurlijk, de arbeidsmarkt is historisch krap. Je hoort al over werkgevers die bij werknemers gaan solliciteren, in plaats van andersom.

Maar als ik vervolgens van lezers hoor hoe laks, ouderwets, vaag en eenzijdig sommige ándere werkgevers nog werven, dan denk ik: dat kan toch ook wel wat ambitieuzer, vernieuwender, creatiever en vooral inclusiever, stelletje 'recruiters'.

Gelukkig hoorde ik ook veel eenvoudige tips hoe het beter kan. Als je dit allemaal al doet, heb ik niks gezegd – arme werkgevers! – maar zo niet: kom eens van je luie gat en ga aan de slag!

1. Ontsla allereerst eens al je HR-personeel. En dan bedoel ik natuurlijk de HR-afdelingen waar alleen maar tutjes (m/v) zitten die louter mensen aannemen die precies op henzelf lijken. Meer 'proces' dan inhoud, meer 'vaardigheden' dan kennis en vooral niet ouder dan veertig – ben je gek, dan zit je je vader (m/v) aan te nemen!

2. Neem in plaats daarvan HR-mensen aan die het snappen. Die snappen dat de juiste collega's en het juiste team DE onderscheidende kracht zijn van je organisatie.

3. En schrap die term HR – mensen zijn geen 'human resources', geen 'menselijke grondstoffen', maar mensen. Toen die afdelingen nog personeelszaken heette, snapte iedereen dat meteen en waren er nog geen tekorten – toeval? Ik denk het niet.

4. Stop ook met al die flauwekul als *agile*, *onboarding*, *owners* van de *employee journey*, *team leads*, *scrum masters*, *vibe managers*, en *story tellers* in je vacatures en spreek normale taal! Dan krijg je misschien geen hippe jonge sollicitanten (die vaak ook geen idee hebben wat er bedoeld wordt), maar wel mensen die weten wat ze doen en (daardoor) ook langer blijven.

5. Ga sowieso eens 'oudere' werknemers aannemen, werkgevers! Het grootste cohort op de arbeidsmarkt is momenteel ouder dan 50, het is de gezondste generatie vijftigplussers in de geschiedenis. Het zijn slimme mensen, die hun hele leven te horen hebben gekregen dat je moet blijven leren en die dus verrassend bijdetijds zijn. Werkgevers die klagen over krapte op de arbeidsmarkt, maar ondertussen oudere werknemers afwijzen, geloof ik dus niet meer.

Krappe arbeidsmarkt?, schreef een lezer op LinkedIn: 'Dat is allemaal paniekzaaierij. De jonkies zijn op, help, ons instituut loopt vast.'

6. En kijk dan ook nóg eens wat verder dan je neus lang is, personeelswervers! Hoeveel kantoren zijn er wel niet waar nog nooit iemand van de doelgroep op een van de verplichte invalidentoiletten heeft gezeten, gewoon omdat 'HR' nog nooit een mindervalide persoon heeft aangenomen?

7. Om over mensen met een andere huidskleur nog maar te zwijgen, mensen met long covid, een net iets lager opleidingsniveau dan hbo, autisme of depressie, die momenteel beneden hun niveau werken, langs de zijlijn staan of noodgedwongen in een totaal ander vakgebied werken. Mensen die lelijke truien dragen en/of wat zwijgzamer zijn dan jij – die kun je ook gewoon aannemen, hoor, ook al wil je er niet mee op de foto.

'Werkgevers hebben geen last van een krappe arbeidsmarkt, maar van een krappe gedachtengang', schreef een lezer op LinkedIn. 'Het zijn werkgevers met een afstand tot de arbeidsmarkt.' Een ander schreef: 'werkgevers hebben geen moeite om vacatures te vervullen, maar DOEN geen moeite.'

8. Sterker nog: IS er eigenlijk wel krapte op de arbeidsmarkt? Veel sollicitanten worden nog steeds *geghost* – dat is volslagen genegeerd – na een sollicitatie, las ik op LinkedIn. Zolang dat nog het geval is, is er nog weinig krapte. Lijkt mij.

Het lijkt er bovendien op 'dat het personeelstekort zich vooral op plekken voordoet waar mensen weinig waardering krijgen, omkomen in regeldruk, idiote uren moeten draaien en bovendien slecht worden betaald', schreef psycholoog Thijs Launspach in een column in het *Algemeen Dagblad*. 'Het personeelstekort is dus vooral een waarderingstekort.'

9. Maar als je dan toch zo nodig jonge mensen zonder 'vlekjes' wilt werven, verplaats je dan ook eens écht in hun wensen. Denk met ze mee over zwangerschappen (kinderopvang?), studieschuld, 'zingeving' (hoe groen, duurzaam en betekenisvol is ons bedrijf nou écht?), mogelijkheden tot studeren naast het werk, een (goedkoper) energiecontract en huisvesting.

Geef ze anders een woning in of boven je kantoor. Dan bind je ze pas écht aan je. Sterker nog, ze kunnen helemaal niet meer weg. Open een spaarrekening zodat hun kinderen kunnen studeren. Of huur wat strandhuizen op Bali zodat ze daar kunnen *digital nomadden*. Misschien nog wel goedkoper ook, als de gasprijzen de pan uitrijzen.

10. Stop bureaucratie, regeldruk en 'formuliertjesterreur', zoals een lezer het noemde. Zodat mensen zich ook écht kunnen bezighouden met het werk waarvoor ze zijn opgeleid en waarvan ze houden.

Dat de meeste jongeren zzp'er worden, heeft natuurlijk niet alleen met het gebrek aan vaste contracten te maken. Ze willen gewoon niet telkens onnodig vergaderen, urenregistraties invullen, stand-upjes, heidagen, en brainstormen over onnodige visiedocumenten. Dat hebben ze overigens met ouderen gemeen.

11. En dan wil zélf een leuk bedrijf/organisatie worden ook nogal eens helpen. Dus geen kantoortuin meer, geen flexplekken, geen micromanagers die de hele dag op je nek zitten, geen gedoe met *challenging roles*, en niet meer iedereen in de cc, functioneringsgesprekken, heidagen (gaap), ellenlange assessments (rot op) en drie lagen goedkeuring voor als je suiker in je koffie wilt.

12. Maar gewoon, weet je wel. Computers die het doen, goeie koffie, reiskostenvergoeding, redelijke roosters, vakantiedagen, doorgroeimogelijkheden, contracten, gelijke beloning voor gelijk werk, snel ja of nee zeggen bij nieuwe plannen, en leidinggevenden die iets van het proces weten, maar vooral de inhoud op waarde weten te schatten.

13. En, o ja, geef mensen de keuze om thuis te werken! Om zelf hun tijd in te delen, zelf te bepalen WAAR ze werken zodat ze minder hoeven te reizen.

Verder op tijd iets met champagne, bonussen en chocoladefonteinen (niet te vaak!) en als je dan straks ook nog de verwarming op 19 graden zet, zal je de sollicitanten (die geen geld meer hebben om thuis te stoken en niet op Bali werken) van je af moeten slaan.

14. Afwachten tot de volgende crisis kan natuurlijk ook. Dan komt het personeel vanzelf met hangende pootjes terug. Maar voor wie daar niet op kan wachten, is er nu weer genoeg te doen.

Heel veel sterkte ermee!